かた〜い子どもの体が
一瞬で伸びる

キッズストレッチ

柔軟美トレーナー
村山 巧

マキノ出版

はじめに

こんにちは。

このたびは本書を手に取っていただき、ありがとうございます。

私は柔軟美®トレーナーとして、「美しいしなやかさ」を導くためのストレッチ指導を行っています。なかでもチアダンスや新体操、バレエ、一輪車、フィギュアスケート、ポールダンスなど、**表現に柔軟性を必要とするスポーツや芸術にたずさわる人たちとのご縁から、2万人以上のかたを柔軟な体に導くことができました。**

レッスンを行うなかで、多くの生徒さんから「開脚でもっと足を広げるためには、どんなストレッチをすればいいでしょう?」「どんなストレッチをすると、Y字バランスがもっときれいになりますか?」といった質問を受けます。

そこで「もっと柔らかく」「より美しく」と願っている人たちに、広くストレッチ法を知り、実践していただくために本書を作成いたしました。

本書で紹介する柔軟のメソッドは、定番の前屈やブリッジから、Y字バランスやビールマンといった一般的に難易度の高いポーズに対して、具体的にどんなストレッチを行えばいいのかを「ポーズ別」でまとめました。幅広い柔軟のポーズを取り上げましたので、**運動が苦手な子どもさんから、スポーツを頑張る子どもさんまでトライできる内容にしています。**

さらに、本書で紹介する柔軟メソッドは、子どもさんだけでなく、**大人でもトライできます。**子どもさんとぜひ一緒にチャレンジしましょう。

また、ペアでトライする方法も紹介していますので、家族が揃って変化を楽しんでいただけます。

そして、今回はより柔らかくなる方法でスト

レッチを行っていただくために、動画を収録したDVDにもチャレンジしました。

私が指導しているストレッチは「トップギアストレッチ」と呼びます。これは、「筋膜アプローチ」と「脳科学アプローチ」を組み合わせた、これまでにない方法です。詳しくは本文に譲りますが、**最短最速で柔軟性を手に入れられるのが、トップギアストレッチの最大のメリット**です。

初めてトップギアストレッチを行ったかたは、「あれ？　いつもより伸びてる」と、いままでとは違う体の変化を感じていただけると思います。先にお話ししたスポーツをされているかたは、劇的に柔軟性が向上し、その場で変化を実感できるはずです。

本書は、本自体も１８０度パカッと開く「柔軟本」です。本を床やテーブルに置いて開いたまま、ＤＶＤの動画を見ながらストレッチが行えます。以下の心構えを胸に、楽しく行ってください。

村山 巧流ストレッチの心構え

- **温まった体で、息を止めずにリラックスして行いましょう**
- **「痛気持ちいい」範囲で行いましょう**
- **周りと比べすぎず、前向きに変化を楽しみましょう**
- **気張らず、「柔らかくなるんだ」とワクワクしながら行いましょう**
- **無我夢中に、または無意識に習慣化できれば最高です**

とにかく、チャレンジすることが大切です。その積み重ねが、新たな「できる」「できた」を導きます。少しでもポーズができたり、変化が感じられたら、自分をほめてあげてください。

それではさっそくレッツトライ！

元ゲキ硬人間だった　村《むら》山《やま》巧《たくみ》

トップギアストレッチ ビフォー・アフター

トップギアストレッチを実践しているファミリー8組のお父さん、お母さんに、日ごろの成果のお話しをうかがいました。また、その場でストレッチを行った際の、ビフォー・アフターをご覧ください。

行ったプログラム

● ブリッジ ▶ 46ページ

AFTER

久《ひさ》光《みつ》佑《ゆう》志《し》人《ん》さん（9歳）

運動経験 とくになし

ストレッチをしたらすぐにブリッジが深くなった!

佑志人の母の私は、フィットネスヨガやダンスのインストラクター、新体操のクラブコーチをしています。しかし年々、太もも前側と肩周りの柔軟性が低下し、実技指導の際のパフォーマンスに不安を感じていました。そこで、巧先生にレッスンをお願いしたところ、的確な部位のストレッチ法を教えてくださり、念願のビールマンで足を持てるようになったのです。

そこで今回は、息子にストレッチ法をレッスンしていただきました。息子はとくに習っているスポーツはありませんが、ストレッチの直後、ブリッジが深くできるようになって驚いています。きちんとストレッチを行えば、運動をしない子どもでも、必ず体は柔らかくなることを実感しました。

行ったプログラム

● 飛行機 ▶ 44ページ

日向《ひゅうが》友《ゆ》希《き》菜《な》さん（15歳）

運動経験 一輪車（演技、競技）

日向《ひゅうが》菜《な》々《な》子《こ》さん（18歳）

運動経験 一輪車（演技、競技）

足が以前よりはるかに高く上がった!

娘たち２人は、一輪車クラブで、巧先生にストレッチを教わりました。一輪車の大会には、一輪車に乗りながらさまざまなポーズをする演技種目があります。そのため、I字バランスや反対の手で足を持つクロスグラブビールマンで、足を一直線に上げられる柔軟性を娘たちに身につけさせたいと思っていました。

すると、一見、関係がなさそうな部分をストレッチすることで、柔軟性が上がるのを知って勉強になったと同時に、もっと柔らかくなりたい気持ちが強くなったようです。そして２人で自宅でも続けた結果、スムーズに足が上がるようになりました。これからは柔軟性だけでなく、美しく見せる練習も楽しく頑張りたいといっています。

BEFORE

平《ひら》野《の》莉《り》耶《や》さん（11歳）

運動経験 チアダンス、体操クラブ（アクロバット）

行ったプログラム

- シーソー ▶ 48ページ
- 開脚（左右）▶ 42ページ

AFTER

きれいに反れた!!

シーソーも開脚もしやすくなった！

莉耶の父の私は、チアダンスのテクニック向上のため、正しいストレッチの方法を探していたところ、巧先生に出会いました。莉耶は、前後開脚（スプリッツ）やビールマン（キャンドル）で足を上下に開くポーズをしようとすると、ひざから太もも前側が突っ張ってしまいます。そのため、足が上がらなかったり、床から太ももが浮いたりしていました。

レッスンでは主に、フォームローラーでの筋膜アプローチを指導していただきました。レッスンはとても楽しかったようで、家でも積極的にストレッチを行いました。すると、どんどん柔軟性が出てきて、できなかったビールマンができるようになったのです。クールダウンのやり方も教わり、「練習後の疲れがとれやすくなった」とよろこんでいます。

山《やま》田《だ》璃《り》子《こ》さん（8歳）

運動経験 ジャズダンス、新体操

行ったプログラム

● ビールマン ▶ 62 ページ

踊り子のポーズからビールマンができた！

新体操をやっている娘は、前後開脚とビールマン（バックル）を目標にしていました。でも思うように体が柔らかくならず、巧先生のレッスンを受けることにしました。娘の場合、柔軟性が不足していた太ももの前側を中心に、トップギアストレッチを行いました。先生がとても明るく、たくさん励まして、褒《ほ》めてくれるので、娘も楽しみながら取り組めました。

ストレッチの前後では、明らかに柔らかくなっていました。これにはストレッチをした本人がビックリ。自宅でも積極的にストレッチを行い、前後開脚とバックルができるようになりました。目標達成はもちろん、やる気も出て、自信を持って取り組むようになるなど、メンタル面での効果も大きいと感じています。

行ったプログラム

- 前屈 ▶ **32** ページ
- Y字バランス ▶ **56** ページ

大竹《おおたけ》絵《え》美《み》さん（36歳）

運動経験 水泳

大竹《おおたけ》ひよりさん（7歳）

運動経験
チアダンス、アクロバット

前屈が深くなった！　Y字がI字になった！

チアダンスをしている娘の悩みは、前後開脚（スプリッツ）で後ろ足のひざが伸びないことと、ビールマン（スコーピオン）で足が上がらないことでした。巧先生のトップギアストレッチはSNSで知り、早速、娘にレッスンをしていただきました。太ももを中心とした1時間半ほどのレッスンでしたが、受ける前後の変化にビックリ。前後開脚は両足がまっすぐに開き、ビールマンでもちゃんと足が上がるようになったのです。腰を柔らかくして、とにかく足を上に引っ張ればいいと思っていた私にとっては、目からうろこでした。自宅でできるストレッチも教えていただきました。娘も「私、できる！　もっとやりたい！」という気持ちが芽生え、いまも一生懸命やっています。チアの先生やチームメイトに見せたりして、得意げでした（笑）

行ったプログラム

- 前屈 ▶ 32 ページ
- ビールマン ▶ 62 ページ

林《はやし》 憲二《けんじ》さん（46歳）
運動経験 サーフィン

林《はやし》 梨衣沙《りいさ》さん（8歳）
運動経験 チアダンス

ビールマンが決まった！　手が床についた！

チアダンスをしている娘は、前後開脚やY字バランス、ビールマン(スコーピオン)をきれいにキープするのが目標でした。巧先生には下半身だけでなく、体側部や肩の柔軟性が大切だということを教えていただきました。そして自宅でもストレッチを続けたところ、ビールマンは以前よりも足が上がるようになり、肩の可動域が広がったことで、足がつかみやすくなったようです。また、Y字バランスからI字バランスができるようになり、とてもよろこんでいます。

そんな娘を見て、私もストレッチに取り組みました。その即効性に驚くと同時に、思いがけない部位にアプローチすることもあって、とても勉強になります。これからもストレッチを続け、娘のチアダンスに、私のサーフィンに役立てていこうと思います。

足が高く上がる！　後屈も柔らかく

葵の母である私は、娘がチアダンスをしているので、柔軟性をアップさせたいと思っていたところ、偶然寄った書店で巧先生のイベントのチラシを見つけ、2人で参加してみました。まず驚いたのは、先生のビールマン（スコーピオン）の美しさです。とくに娘は、感動で目が輝いていました。また、私自身は「体が硬い」と思っていましたが、イベント参加後には、「これが私の体!?」と思うほど柔らかくなっていました。

それからは、娘は先生の著書を参考にストレッチを続けています。以前は痛みを感じながらストレッチをしていたようですが、いまでは「気持ちいい」と話しています。経験が浅くまだまだですが、柔軟性は見違えるほど向上し、コーチにも褒めてもらえるようになったとよろこんでいます。

行ったプログラム

● 前後開脚 ▶ 60ページ

BEFORE

AFTER

下川《しもかわ》明《はる》花《か》さん（11歳）

運動経験 チアダンス、テニス

BEFORE

頭の位置に注目!!

AFTER

下川《しもかわ》さやかさん（41歳）

運動経験 チアダンス、モダンバレエ

前後開脚から胸を反ってより美しく！

明花の母である私は、チアダンスのチームでコーチをしています。巧先生には、チームに来て、レッスンをしていただきました。レッスンはフォームローラーを使った筋膜アプローチ、壁を使った脳科学アプローチなど盛りだくさんの内容でした。メンバーのそれぞれに苦手な部分がありましたが、すぐに柔軟性に変化が現れる子がほとんど。

私の娘は前屈が苦手でしたが、足裏ボール転がしを日課にしていたところ、足裏が柔らかくなり、「両足でゴルフボールに乗っても痛くなくなった」とよろこんでいます。前屈、後屈ともにやりやすくなり、※前方支持回転がうまくできるようになりました。私のような指導者にとっても、巧先生のストレッチは大変勉強になります。

※前方支持回転：チアダンスの技の１つ。両手を床について前方へ回転し、両足と腰を頭上へ上げて逆さの状態で反り、片足ずつ着地して直立に戻る動き。

もくじ・CONTENTS・

巧先生の柔軟ポーズ　解説

部位別　柔軟メソッド

体が硬いとなぜいけないの？ 柔軟性のメリット

体が硬いとは、筋肉や筋膜、靭帯《じんたい》、腱《けん》などの柔軟性が失われた状態です。これらが硬くなると、あちこちの関節の可動域が狭まって体が動かしにくくなります。体が動かしにくいのですから、当然、ケガの可能性も高まります。また、筋肉や靭帯のケガだけでなく、骨折など、骨に関わるケガにもつながります。

柔軟性は、筋力や瞬発力、持久力、調整力とともに、基本的な運動能力の1つと考えられています。つまり、**体が柔らかいということは運動能力が高い**、ということになります。その柔軟性を手に入れる、あるいは維持するには、ストレッチを習慣化することが重要です。

日々ストレッチを行うことで、スポーツのパフォーマンスが向上するのはもちろん、日常生活でも体を楽に動かすことができます。血液循環がよくなって健康になりますし、「痛気持ちいい」感覚は、リラックスにもつながります。

体が硬くなると……

関節可動域が狭くなり

ケガをしやすくなる!

ストレッチを習慣化すると

柔軟性が手に入る!

体が柔らかくなると……

運動能力が上がるだけでなく

健康にもつながる!

最短最速で柔軟性が手に入る「トップギアストレッチ」

ストレッチというと、呼吸をしながらじんわり筋肉を伸ばす「静的ストレッチ」、体を動かしながらストレッチする「動的ストレッチ」が一般的です。どちらも間違った方法ではありませんが、柔軟性を獲得するまでには長い時間が必要になります。

一方、本書で紹介する**「トップギアストレッチ」は、体が柔らかくなったことがいち早く、ときにはストレッチ中でも感じられるのが特徴**です。

車に例えると、一般的なストレッチは超安全運転のローギアで走るイメージ。それに対しトップギアストレッチは、安全を確保しつつ、ギアをトップに入れて制限速度いっぱいで走るイメージです。

トップギアストレッチは、チアダンスや新体操、フィギュアスケートなど、いわゆる芸術系スポーツのパフォーマンス向上を目的に誕生しました。これらのス

筋膜アプローチ × 脳科学アプローチ

ポーツには、表現力として体の柔軟性が求められるからです。

最短最速で柔軟性が向上する秘密は、**「筋膜アプローチ」**と**「脳科学アプローチ」**の2つのメソッドを組み合わせた点にあります。

それぞれの詳細は後述しますが、筋膜という物理的な体の仕組みと、脳科学という神経系統の仕組みを利用することで、よりスピーディーに柔軟性向上が実現できるのです。

トップギアストレッチは、パフォーマンスの表現に柔軟性を用いる競技では、見違えるほどの変化をもたらします。また、その他のスポーツでも、ケガの予防という点でパフォーマンス向上に役立ちます。大人や高齢者にとっては、筋肉が柔らかくなることで血流がよくなり、冷えやむくみの緩和、肩こりの軽減など、健康面での効果も期待できます。

ただし、柔軟性がある人ほど関節が不安定になる傾向があります。柔軟性だけを目指すのではなく、筋力トレーニングも行い、しなやかで力強い動きを目指しましょう。

物理的なブレーキをはずす
筋膜アプローチ

「筋膜」とは、頭頂部から足裏まで、主に筋肉を包んでいる薄い膜のことです。

体全体の表層から深層までを、立体的に包み込んでいる全身タイツのようなイメージです。筋膜は、毛糸のセーターのように伸び縮みする働きがあります。セーターがごわごわして硬くなると、着るときにきつく感じたり、腕が動かしにくくなります。同じように、偏った姿勢や動作をしていると、筋膜の一部がヨレた状態になって固まります。そこが物理的なブレーキになり、筋膜全体の動きに悪影響を及ぼし、筋肉や関節の動きが悪くなってしまうのです。この状態の**筋膜をゆるめて元に戻し、筋肉や関節が正しく動けるようにするのが筋膜リリース**です。

筋膜リリースに基づくエクササイズを、本書では**「筋膜アプローチ」**と呼んでいます。詰まりやコリを感じる部位を「痛気持ちいい」くらいに圧《あつ》をかけながら動かすことで、効果を得られます。

これが筋膜アプローチのスゴさ！

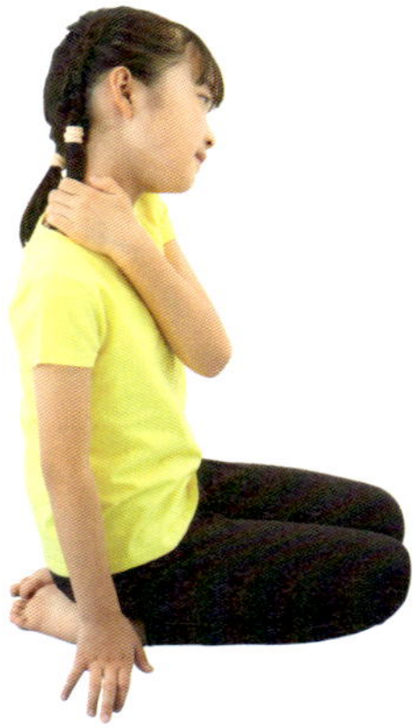

ヨレて固まった筋膜は、物理的なブレーキになります。そのブレーキをはずすエクササイズが「筋膜アプローチ」です。手やローラーで「痛気持ちいい」くらいに圧をかけながら動かすのがコツです

例えば

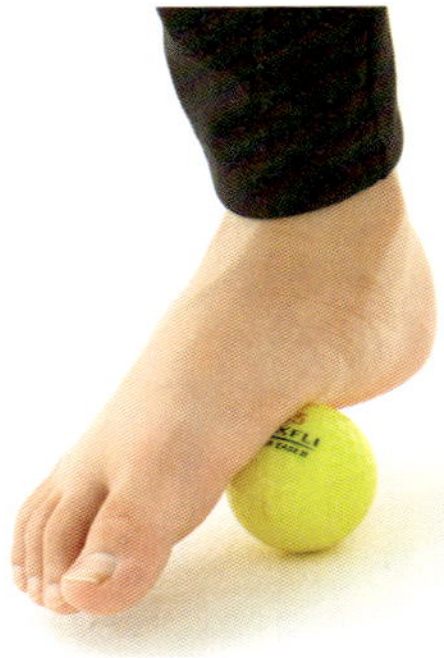

ボールをコロコロ転がして足裏の筋膜をリリースすると…

すると

足裏とは関係なさそうな上体が楽に倒れ、前屈が深まった！

心理的なブレーキをはずす 脳科学アプローチ

すべての人間の脳には、潜在意識があるといわれています。例えば、前屈をしたときに「これ以上、前屈なんてできるわけがない」と思うと、体が無意識にブレーキをかけ、自身の思う以上の柔らかさへは導けません。ストレッチでは、この心理的なブレーキをはずすことが大切ですが、それには工夫が必要です。**無意識のブレーキをはずすのに有効なのが「ＰＮＦストレッチ」になります。**ＰＮＦストレッチは、リハビリで使われる運動療法の１つです。筋肉は収縮したあとにゆるみやすい性質があります。これを利用し、**筋肉を強く収縮させてから脱力することで、短時間で筋肉や関節が持っている柔軟性や可動域を呼び起こす方法**です。ＰＮＦストレッチの理論に基づくエクササイズを**「脳科学アプローチ」**と呼んでいます。脳科学アプローチの基本は、抵抗する動きで筋肉を収縮させ、脱力して筋肉をゆるめる。これをくり返すことで、より筋肉が伸びるようになります。

脳科学アプローチの不思議

3秒
抵抗

抵抗して筋肉を収縮させ、脱力して筋肉を弛緩させることをくり返すのが脳科学アプローチです。右太もも裏側の脳科学アプローチでは、タオルで引っ張る力に抵抗して、右太もも裏側に力を入れて押し戻そうとします

3秒
脱力

右太もも裏側で抵抗するのをやめて、3秒間、脱力します。このときタオルで引っ張る力はゆるめません。再び抵抗して脱力すると、太もも裏側が柔らかくなり、1回目の脱力時より足を引っ張りやすくなります

くり返せばくり返すほど柔らかくなる!

ストレッチをやって家族みんなで
柔らかくなろう

親子で一緒にできる！
何歳から始めても
ストレッチは裏切らない！

本書で紹介しているメソッドは、大人もトライできます。仕事や家事など、生活に必要な動きしかしていない大人は、体が硬くなってしまいがちです。そこでこの本をきっかけに、子どもさんと一緒にストレッチをして、柔軟性を取り戻してください。ストレッチは裏切りません！

ペアストレッチで効果倍増！

ペアストレッチは、互いにコミュニケーションをとりながらやりましょう。とくに子どもが痛がったりくすぐったがったりするときは、力を加減しましょう。親子でスキンシップをし、一緒に変化を感じてください

本書で使うストレッチアイテム

フォームローラー

表面の凸凹が筋膜を押しほぐします。直径10cmが目安。バスタオルを巻いたビールびんなどで代用できます

※本書では、「ローラー」と記載しています

タオル類

床などに敷いてひざやひじを保護したり、足にかけて引っ張ったりして使います。バスタオルと大きめのフェイスタオルがあれば十分です

ゴルフボール

本書では、足裏の筋膜アプローチで使用します。ゴルフボールが硬い、小さいと感じた場合は、テニスボールでも代用できます

ストレッチをはじめる前に

本書で紹介する柔軟メソッドは、柔軟ポーズに合わせてプログラム化しています。32 ～ 63 ページのポーズからやってみたいポーズを選び、そこに記載しているプログラムの順に柔軟メソッドにチャレンジしましょう。66 ～ 122 ページの柔軟ストレッチは、体の部位ごとに紹介しています。

32～63ページの見方

このポーズ（前屈）ができるようになるためのプログラムを紹介しています

このポーズをするのに柔軟性が必要な部位を明記しています

柔軟メソッドを行う前に

- メソッドのなかには、バランスが必要な内容があります。転倒に注意し、無理をせず壁などを利用して、できる範囲で行いましょう
- 柔軟メソッドを行っているときに、強い痛みをともなう場合は、無理に続けず中止しましょう
- 柔軟ポーズによってプログラムの量は変わります。体力的に続けられないときは、途中でやめても大丈夫です。続けていくうちにできるようになるので、じっくりトライしましょう
- 柔軟メソッドの回数や秒数は、あくまで目安になります。過剰に行うと、次の日に痛みが出ることもあるので、様子を見ながら行ってください。
- 本書で紹介するメソッドは、子ども・大人ともに効果があります。ぜひ、親子一緒にトライしてみてください
- 柔軟メソッドは即効性がありますが、毎日続けると、よりよい効果が得られます

66～123ページの見方

柔軟メソッドのほとんどは、「筋膜アプローチ」→「脳科学アプローチ」の順となります。できるだけ続けて行いましょう。一部のメソッドでは、「筋膜アプローチ」のみの内容もあります。

脳科学アプローチ

筋膜アプローチ

柔軟メソッドによっては、親子で行うペアストレッチを紹介しています。ひとりで行うよりも効果が高いので、ぜひトライしてみてください

この部位の柔軟性が必要なポーズの一覧を明記しています

56～63ページの上級ポーズは、本書で紹介するなかでも、とくに難易度が高いものになります。そのため、柔軟メソッド以外に、116～123ページで、専用のトレーニングを紹介しています

次のページもチェックしよう！

抵抗とは

本書で紹介する「抵抗」とは、脳科学アプローチで登場する表現です。主に体を動かす方向に対して、特定の部位に力を入れたり、反対の動きを意図的に行い、筋肉を強く収縮させることを「抵抗する」と表しています。抵抗して脱力することで、柔軟性を高めることができます

柔軟メソッドの矢印と丸ポイントの見方

赤の矢印

筋膜アプローチの体の動きを表しています

緑の矢印

脳科学アプローチの体の動きを表しています

青の矢印

脳科学アプローチの緑の矢印に対して、「抵抗」する方向のイメージを表しています

ピンクのポイント

「抵抗」する際に力を入れる部位を示しています

本書に付属のDVDについて

付属のDVDは、66～123ページの柔軟メソッドを収録しています。メソッドの具体的な流れを確認する際に活用してください

全部できたら、キミはクラスの人気者!!

巧先生の柔軟ポーズ解説

まずは、柔軟ポーズの解説からです。ポーズに合わせて、柔軟性が必要な体の部位をわかりやすく図解しています。柔軟プログラムをチェックして、ストレッチにぜひチャレンジしてくださいね！

お悩みポーズ

- 前屈（立位体前屈）
- 後屈
- つま先伸ばし
- あぐら
- 橋のポーズ

定番ポーズ

- 左右開脚
- 飛行機
- ブリッジ
- シーソー
- 半漁王のポーズ
- 踊り子のポーズ
- 背面握手

上級ポーズ

- Y字バランス
- 鳩のポーズ
- 前後開脚
- ビールマン

お悩みポーズ

No.1

体の後ろ側の柔軟性がポイント

前屈（立位体前屈）

直立の状態から上体を前に倒し、指先を床に近づけるポーズです。学校の体力測定で行われていて、体の柔らかさを測るいちばん定番の柔軟です。前屈を深くするためには、足の裏から首にかけての体の後ろ側の柔軟性が重要ポイントです。

前屈をするために柔軟性が必要な体の部位

- ☑ 首
- ☑ 背中
- ☑ 太もも裏側
- ☑ お尻
- ☑ ふくらはぎ
- ☑ 足裏

柔軟プログラム

1. 足裏のストレッチ ▽ 113ページ
2. ふくらはぎのストレッチ ▽ 104ページ
3. お尻のストレッチ ▽ 87ページ
4. 太もも裏側のストレッチ ▽ 94ページ
5. 背中のストレッチ ▽ 78ページ
6. 首のストレッチ ▽ 66ページ

足の裏が柔らかくなるだけでも前屈は深くなる

前屈が苦手な人は、足裏から体の後ろ側にかけてのふくらはぎ、お尻、背中、首のどこかの筋肉の柔軟性が不足しています。前屈したときに突っ張りを感じる、背中やふくらはぎには注意が向きますが、じつは、足裏が硬くなっていることも少なくありません。この足裏のストレッチを行って柔らかくするだけでも、前屈がかなり深くなります。

もちろん、足裏だけではなく体の後ろ側のストレッチも大切です。猫背《ねこぜ》の姿勢はもちろん、スマホを見たり、ゲームで頭が前に出る姿勢を続けたりしていると、体の後ろ側の筋肉が凝り《コリ》固まってしまいます。足裏に加え、体の後ろ側をストレッチでまんべんなく柔らかくしましょう。

お悩みポーズ No.2

ビシッと決まるとカッコいい重要なポーズ

後屈

前屈とは反対に、胸を後ろに反らせるポーズです。バレエや新体操、チアダンスなどでは、後屈のポーズをとるだけという場面は多くありません。しかし、後屈の姿勢での動きがビシッと決まると、技やシルエットにキレが出て見栄えがよくなります。

後屈をするために柔軟性が必要な体の部位

- ☑ 背中
- ☑ 腕
- ☑ 太もも前側
- ☑ 太もも外側
- ☑ すね・つま先
- ☑ 足のつけ根

柔軟プログラム

1. 太もも前側のストレッチ ▼ 90ページ
2. 足のつけ根のストレッチ ▼ 108ページ
3. 背中のストレッチ ▼ 78ページ
4. 腕のストレッチ ▼ 74ページ
5. 太もも外側のストレッチ ▼ 98ページ
6. すね・つま先のストレッチ ▼ 110ページ

腰の負担を減らすためにも体の前側の柔軟性が大切！

体をしっかりと反らすためには、全身の前側を柔らかくすることが大きなポイントです。とくに太ももの前側、太ももの外側の柔軟性が重要。試しに、片方の太ももの前側だけストレッチしてみると、反ったときにストレッチした側の腰の詰まっている感覚が少なくなっているはずです。ここが柔らかくなるとへその下あたりが床を向いたまま、角度のついた美しい後屈になります。加えて、胸、腕を柔らかくすると、顔を上に向けることができます。

後屈は腰に負担がかかる姿勢ですが、体全体の前側を柔らかくすることで腰やお尻への負担が軽くなり、姿勢の美しさや、ケガの予防にもつながります。背中も柔らかくしておきましょう。

お悩みポーズ

No.3

ポーズの美しさをアピール

つま先伸ばし

バレエや新体操では、まっすぐ伸びたつま先でポーズの美しさや完成度が決まります。足首がまっすぐになっていなかったり、指先を足裏の側にしならせたりできない人は、すねやつま先、足裏のストレッチを行いましょう。

つま先伸ばしをするために柔軟性が必要な体の部位

- ☑ すね・つま先
- ☑ ふくらはぎ
- ☑ 足裏

柔軟プログラム

1 すね・つま先のストレッチ ▽ 110ページ

2 ふくらはぎのストレッチ ▽ 104ページ

3 足裏のストレッチ ▽ 113ページ

単純なようで、意外と足がつりやすいポーズです。柔軟プログラムをしっかり行って柔らかくしましょう！

すねからつま先の柔軟性を高めてポーズをもっと美しく

つま先伸ばしは、さまざまなポーズの美しさの決め手になります。例えば、超上級ポーズのY字バランス（56ページ）やビールマン（62ページ）は、つま先が伸びて、すねと一直線になると、よりきれいに、また足が長く見えます。演技の完成度を左右するため、「うまくなりたい」と思う人が多いポーズの1つです。

つま先を伸ばすと、ふくらはぎの筋肉は収縮します。このとき、すねの筋肉や足の甲、つま先をストレッチで柔らかくしておくと、ふくらはぎが十分に収縮し、つま先をしっかりと、しかもきれいに伸ばすことができます。また、ふくらはぎを柔軟にしておくことで、収縮させたときに足がつらなくなります。

お悩みポーズ

No.4

意外と苦手な子どもが多い

あぐら

イスに座るのになれるにつれ、足の裏を合わせるあぐらは苦手な人が増えています。足の裏を合わせられなかったり、ひざが開かなかったりする場合は、太ももやお尻をストレッチで柔らかくするといいでしょう。

あぐらをするために柔軟性が必要な体の部位

- ☑ 背中
- ☑ 太もも内側
- ☑ 太もも外側
- ☑ お尻

柔軟プログラム

1 太もも外側のストレッチ ▼ 98ページ

2 お尻のストレッチ ▼ 87ページ

3 背中のストレッチ ▼ 78ページ

4 太もも内側のストレッチ ▼ 101ページ

ひざを手で上から押しがちですが、ケガにつながるので要注意！
適切な部位へのストレッチを心がけましょう！

太ももの外側やお尻の筋肉が柔らかくなるポイント！

小さいころからイスに座る生活が当たり前のいまの子どもたちは、足の裏を合わせて座るあぐらが難しいという人が意外といます。なかにはあぐらをすると、後ろにひっくり返ってしまう子どももいるほどです。

太ももの外側からお尻にかけての筋肉が硬いと、床に座ったときに骨盤が後ろに引っ張られて後傾します。そのため、あぐらの姿勢ができなかったり、どうにかバランスをとるために猫背になったりします。

片側だけストレッチをすると、そのひざだけが深く下に落ちるので試してください。ちなみに、一般的にストレッチでひざを手で上から押しますが、ケガにつながるので避けましょう。

お悩みポーズ

No.5

おへそを真上に向ける感覚が養える

橋のポーズ

あお向けに寝た状態から、お尻を浮かせておへそを真上に向けるポーズです。重力に反して体を持ち上げるので、体の前面の柔軟性が重要。ブリッジ（46ページ）の前段階として、このポーズでおへそを上に向ける感覚を養っておくのもおすすめです。

橋のポーズをするために柔軟性が必要な体の部位

- ☑首
- ☑肩周り（三角筋）
- ☑背中
- ☑太もも前側
- ☑足のつけ根

柔軟プログラム

1. 首のストレッチ ▼ 66ページ
2. 肩周り(三角筋)のストレッチ ▼ 68ページ
3. 太もも前側のストレッチ ▼ 90ページ
4. 足のつけ根のストレッチ ▼ 108ページ
5. 背中のストレッチ ▼ 78ページ

股関節が動くとお尻を上げやすい 背中が縮む柔軟性も大切

お尻を上げるためには太もも前側、足首の柔軟性が重要です。とくにお尻が重たくて上がらないと感じる人は、足首をストレッチで柔らかくすると、股関節の可動域が広がり、お尻が上がってへそが真上を向くようになります。

また、首や肩周りが柔らかくなると、胸が開いて上半身を持ち上げやすくなります。ポーズをとるときに、たたんだタオルを首の下に置くと首が保護できます。

筋肉は伸びる柔軟性だけでなく、縮む柔軟性も大切です。体の前側を伸ばすには、背中側がしっかり縮むことが求められます。背中のストレッチを行うことで、体の前側をしっかり伸ばす手助けになるでしょう。

定番ポーズ

No.1

できるようになりたいポーズNo.1

左右開脚

「体が柔らかかったら何がしたい?」と聞くと、ほとんどの人が「左右開脚」と答えるほど、大人も子どももできるようになりたいNo.1のポーズ。骨盤を倒せない人も、足が開かない人も、股関節に関係する筋肉を柔らかくすることがポイントです。

開脚をするために柔軟性が必要な体の部位

- ☑ 背中
- ☑ 体側部
- ☑ お尻
- ☑ ふくらはぎ
- ☑ 太もも内側
- ☑ 太もも外側
- ☑ 太もも裏側

柔軟プログラム

1. 太もも内側のストレッチ ▽ 101ページ
⇦
2. 太もも外側のストレッチ ▽ 98ページ
⇦
3. 太もも裏側のストレッチ ▽ 94ページ
⇦
4. ふくらはぎのストレッチ ▽ 104ページ
⇦
5. お尻のストレッチ ▽ 87ページ
⇦
6. 背中のストレッチ ▽ 78ページ
⇦
7. 体側部のストレッチ ▽ 80ページ

まずはまんべんなく柔らかく自分のタイプを知ってペターッと

体を柔らかくしたい人の目標の多くが、左右開脚です。左右に大きく開脚ができない原因には、3つのタイプがあります。

1つ目は足が開かなかったり、内股気味になったりする人。この場合は、太ももの内側の柔軟性が不足しています。2つ目は、骨盤が前に倒れない人。この場合は、太ももの外側やお尻、背中の筋肉が硬くなっています。

最後に、足が開かなくて、骨盤も倒れない人です。太ももやお尻の筋肉のすべてが硬くなっています。

特定の筋肉を柔らかくするのではなく、まずはまんべんなく柔らかくして左右開脚にトライしましょう。

定番ポーズ

No.2

柔軟性だけではなく筋力も必要

飛行機

両手を左右に広げ、片方の足を後方に引き上げてバランスをとるポーズです。後方の足を高く引き上げると、別名、アラベスク（バレエ）、パンシェ（新体操）、スパイラル（フィギュアスケート）と呼ばれるポーズになります。

飛行機をするために柔軟性が必要な体の部位

- ☑ 胸
- ☑ 上げる足：太もも前側
- ☑ 上げる足：足のつけ根
- ☑ 軸足：お尻
- ☑ 軸足：太もも裏側
- ☑ 軸足：ふくらはぎ
- ☑ 軸足：足裏

柔軟プログラム

① 足裏のストレッチ ▽ 113ページ

② ふくらはぎのストレッチ ▽ 104ページ

③ 太もも裏側のストレッチ ▽ 94ページ

④ お尻のストレッチ ▽ 87ページ

⑤ 太もも前側のストレッチ ▽ 90ページ

⑥ 足のつけ根のストレッチ ▽ 108ページ

⑦ 胸のストレッチ ▽ 84ページ

前屈、後屈と同じ部位をストレッチし、体幹部の筋力も強化！

軸足は、太ももの裏側やふくらはぎなど、体の後ろ側の柔軟性が重要になります。これは前屈（32ページ）をするために柔軟性が必要な部位と同じです。一方、上げるほうの足は、太もも前側、足のつけ根など、後屈（34ページ）をするために柔軟性が必要な部位と重なります。ここでは、とくに柔軟性が必要なプログラムを挙げていますが、前屈、後屈のプログラムを行うことでポーズの完成度が高まるでしょう。

両手を広げて片方の足で立ち、バランスをとるポーズなので、筋力も求められます。上半身を水平に保つためには腹筋や背筋など体幹部、顔を前に向けるには首の筋肉、軸足の指で地面をギュッとつかむための筋力も重要です。

定番ポーズ

No.3

格闘技でも基本技術のひとつ

ブリッジ

手のひらと足の裏を床にしっかりと着け、体全体を床から浮かすポーズです。体の前側を高く引き上げ、腕にもしっかり体重をかけることがブリッジのコツ。レスリングや柔道など、格闘技でも抑え込みから逃れるための基本技術になっています。

ブリッジをするために柔軟性が必要な体の部位

- ☑胸　☑腕
- ☑肩周り（大円筋）
- ☑肩周り（三角筋）
- ☑背中
- ☑太もも前側
- ☑足のつけ根

柔軟プログラム

1. 太もも前側のストレッチ ▽ 90ページ
2. 足のつけ根のストレッチ ▽ 108ページ
3. 胸のストレッチ ▽ 84ページ
4. 肩周り（大円筋）のストレッチ ▽ 71ページ
5. 肩周り（三角筋）のストレッチ ▽ 68ページ
6. 腕のストレッチ ▽ 74ページ
7. 背中のストレッチ ▽ 78ページ

弓のような曲線を描くには体前面すべての柔軟性が必要！

きれいなブリッジをするには、体の前面のほぼすべての筋肉の柔軟性が求められます。また、柔軟性だけでなく、手足で体を支える筋力も必要です。

　太ももの前側や足のつけ根の柔軟性が足りないと、足だけに体重がかかってしまいます。すると、手足が伸びず、ひざから胸までが平らなテーブルのような形になってしまいます。逆に腕や肩周りを柔らかくすることで、足だけにかかっていた体重が手にもかかるようになり、体全体がしなった弓のような曲線になります。スマホやゲームのやりすぎで、背中が伸びて体の前側が縮んだ姿勢で筋肉が固まらないよう、普段から姿勢に気をつけておくことも重要です。

定番ポーズ

No.4

足首をつかんで体を弓なりに

シーソー

うつ伏せの状態から両手で両足首をつかみ、体を弓なりに反らせるポーズです。ヨガなどでは「弓のポーズ」とも呼びます。太もも前側や胸はもちろん、足首をつかむために肩周りや腕を柔らかくすることも、きれいなポーズをするための重要ポイントです。

シーソーをするために柔軟性が必要な体の部位

- ☑ 肩周り（大円筋）
- ☑ 胸
- ☑ 腕
- ☑ 肩周り（三角筋）
- ☑ 背中
- ☑ 太もも前側
- ☑ 足のつけ根

柔軟プログラム

1. 太もも前側のストレッチ ▽ 90ページ
2. 足のつけ根のストレッチ ▽ 108ページ
3. 胸のストレッチ ▽ 84ページ
4. 背中のストレッチ ▽ 78ページ
5. 肩周り(三角筋)のストレッチ ▽ 68ページ
6. 腕のストレッチ ▽ 74ページ
7. 肩周り(大円筋)のストレッチ ▽ 71ページ

腕や肩周りを柔らかくして足首をしっかりとつかむ

腕や肩周りの柔軟性が不足していると、足首をつかむことができません。それを行うには、腕や肩周りのストレッチを行って、柔らかくしましょう。足首をしっかりつかむことができるようになれば、手が外れた拍子に足が床にたたきつけられる危険も避けられます。

足首をしっかり握ったうえでより丸く反るためには、太ももの前側や足のつけ根、胸など体の前側の柔軟性が大切になります。これらの柔軟性が不足していると、腰に負担がかかり、腰痛の原因にもなります。

また、肋骨《ろっこつ》が床に当たって痛むので、シーソーといっても、弓なりの状態で前後にゆれる必要はありません。

定番ポーズ

No.5

ストレッチポーズとしても定番

半漁王のポーズ

足をクロスしてひざを立て、反対側の手を引っかけて体をひねるポーズです。サッカーなどの運動部でよく見られると思います。体側部や背中、太もも外側をストレッチするポーズとしても定番です。

半漁王のポーズをするために柔軟性が必要な体の部位

- ☑ 肩周り（三角筋）
- ☑ 背中
- ☑ 体側部
- ☑ お尻
- ☑ 太もも外側

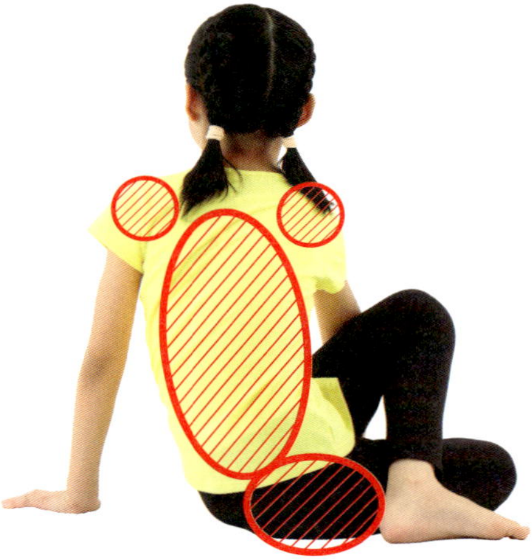

柔軟プログラム

① 太もも外側のストレッチ ▼ 98ページ

⬅

② お尻のストレッチ ▼ 87ページ

⬅

③ 背中のストレッチ ▼ 78ページ

⬅

④ 体側部のストレッチ ▼ 80ページ

⬅

⑤ 肩周り（三角筋）のストレッチ ▼ 68ページ

ストレッチ効果を高めるためにもプログラムで体をより柔らかく

ポーズのとり方はあぐらの状態から、片方の足をもう片方の足の外側に回して、ひざを立てます。その姿勢から反対側の腕を立てたひざの外側に回し、ひじでひざを押すようにして体をひねります。

ひざを立てるほうの足の側の、お尻や太ももの外側を柔らかくしておくと、足を外側に回すときに、足をクロスさせやすくなり、ひざも立てやすくなります。また、体をひねるときには、肩周りや体側部、背中の柔軟性が求められます。

ストレッチとしては比較的簡単なポーズですが、プログラムで各部位を柔らかくしておくことで、ポーズをとったときに体に余計な力が入らなくなり、ストレッチ効果もアップします。

定番ポーズ

No.6

ビールマンへの第一歩

踊り子のポーズ

片足で立ち、反対の足を後方に上げて、上げた側の手で足首をつかんで引き上げるポーズです。上半身と下半身の各部位の柔軟性が重要です。上級ポーズのビールマン（62ページ）をするための最初のステップになるポーズでもあります。

踊り子のポーズをするために柔軟性が必要な体の部位

- ☑ 上げる足：肩周り（大円筋）
- ☑ 上げる足：腕
- ☑ 上げる足：太もも前側
- ☑ 上げる足：足のつけ根
- ☑ 軸足：お尻
- ☑ 軸足：太もも裏側
- ☑ 軸足：ふくらはぎ
- ☑ 軸足：足裏

柔軟プログラム

足を高く上げるには軸足側の柔軟性も大切

上半身と上げる足は、シーソー（48ページ）を片手で行っている状態です。シーソーと同様、胸や腕、肩周り、太もも前側の柔軟性が大切です。完全に伸ばす必要はありませんが、足を高く上げるには、ある程度、ひざを伸ばす必要があります。その際は、上体を前に倒しながら行うと、ひざがよく伸びて足が高く上がります。また、軸足の太もも裏側やふくらはぎを柔らかくしておくことも、足を高く上げるうえで重要なポイントになります。

最初は無理をせず、徐々に足を高くしていってください。片足立ちになるので、最初はイスなどを支えにして、無理をせず徐々に上げる足を高くしていきましょう。

定番ポーズ
No.7

できない人は普段の姿勢が悪いかも

背面握手

両手を背中に回して握手をするポーズ。猫背や肩が前に出る巻き肩のままでいると肩周りが固まり、手を後ろに回しにくくなります。また、右手と左手で柔軟性のたりない部位が違うと、手を入れ替えたときにやりやすさ、やりにくさが出ます。

背面握手をするために柔軟性が必要な体の部位

- ☑ 肩周り（三角筋）
- ☑ 胸
- ☑ 上になる手：腕
- ☑ 上になる手：肩周り（大円筋）
- ☑ 上になる手：体側部

柔軟プログラム

1. 肩周り（三角筋）のストレッチ ▽ 68ページ
2. 肩周り（大円筋）のストレッチ ▽ 71ページ
3. 腕のストレッチ ▽ 74ページ
4. 胸のストレッチ ▽ 84ページ
5. 体側部のストレッチ ▽ 80ページ

普段の姿勢や動作を変えたうえで上半身のストレッチを！

背面握手ができないパターンは、どちらの手を上にしても手が届かない、上の手と下の手を入れ替えるとできない、の2つです。

まったくできない人は、肩周りや胸、腕、体側部と、上半身のほとんどの部位が硬くなっています。猫背の姿勢や、肩が前に出ている巻き肩の姿勢のままでいると、これらの部位が固まってしまいます。普段から姿勢に気をつけたうえで、各部位のストレッチを行いましょう。

手を入れ替えるとできなくなる場合は、上になる手の腕や体側部、下の手の肩周り（大円筋）のストレッチをしっかり行いましょう。タオルで背中を洗うときに、上下の手をいつもと反対にするだけでも左右差が少なくなります。

上級ポーズ No.1

みんなが憧れる大人気ポーズ

Y字バランス

片方の足を体の横やや後方に引き上げ、反対の手を高く上げるポーズです。バレエやチアダンス以外にも、器械体操の床の演技でよく見ます。また、格闘技のハイキックをするときにも役に立ちます。「やってみたい」という声の多いポーズの1つです。

Y字バランスをするために柔軟性が必要な体の部位

- ☑太もも外側
- ☑太もも裏側
- ☑ふくらはぎ
- ☑すね・つま先
- ☑上げる足：お尻
- ☑軸足：肩周り（大円筋）
- ☑軸足：体側部
- ☑軸足：太もも内側

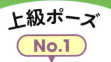

柔軟プログラム

1. 体側部のストレッチ ▽ 80ページ
2. 太もも外側のストレッチ ▽ 98ページ
3. 太もも裏側のストレッチ ▽ 94ページ
4. ふくらはぎのストレッチ ▽ 104ページ
5. お尻のストレッチ ▽ 87ページ
6. 太もも内側のストレッチ ▽ 101ページ
7. 肩周り(大円筋)のストレッチ ▽ 71ページ
8. すね・つま先のストレッチ ▽ 110ページ
9. トレーニング ▽ 116ページ

寝て体側部を伸ばす感覚を覚え、慣れたら立ち上がってみよう

Y字バランスで最も多い悩みは、手を上げると軸足のひざが曲がってしまうことです。この場合、軸足の体側部や肩周り（大円筋）を柔軟にすることで、ひざを伸ばしたまま手を上げることができます。床に寝て行うと、転倒防止に加え、体側部を伸ばした状態でできます。上げる足には、お尻や太ももの裏側の柔軟性が必要です。足は少し後方に持っていくと、股関節がスムーズに動いて引き上げやすくなります。

寝た状態でできるようになったら、立ち上がってやってみましょう。バランスがとりにくい場合は壁を支えにして行い、慣れてきたら支えなしでやってみてください。116ページでY字バランスのトレーニング法を紹介しています。

上級ポーズ

No.2

胸を反らせた姿勢が鳩《はと》に見える

鳩のポーズ

片方の足を曲げ、もう片方の足を後方に伸ばし、上体を反らせてひじを後方の足にかけるポーズです。全身の柔軟性が必要で、とくに姿勢を支える土台になる、太ももや足首を柔らかくすることが重要なポイントです。

鳩のポーズをするために柔軟性が必要な体の部位

- ☑ 前の足：お尻
- ☑ 前の足：太もも外側
- ☑ 後ろの足：足のつけ根
- ☑ 後ろの足：太もも前側
- ☑ 後ろの足：すね・つま先
- ☑ 肩周り（大円筋）
- ☑ 腕
- ☑ 体側部
- ☑ 背中

柔軟プログラム

1. 太もも前側のストレッチ ▽ 90ページ
2. 足のつけ根のストレッチ ▽ 108ページ
3. 太もも外側のストレッチ ▽ 98ページ
4. お尻のストレッチ ▽ 87ページ
5. すね・つま先のストレッチ ▽ 110ページ
6. 体側部のストレッチ ▽ 80ページ
7. 肩周り（大円筋）のストレッチ ▽ 71ページ
8. 腕のストレッチ ▽ 74ページ
9. 背中のストレッチ ▽ 78ページ
10. トレーニング ▽ 118ページ

太ももや足首を入念なストレッチで柔らかく

後屈の要素が多いポーズなので、太ももの前側、外側、足のつけ根が、とくに重要なポイントになります。後ろの足の太もも前側と足のつけ根を柔らかくすると、上体が起き、足にひじをかけやすくなります。足にひじをかける動作には、肩周り（大円筋）、腕、背中の柔軟性も大切な要素になります。

また、前に出す足の足首が床から浮いてしまう人は、前の足の太もも外側やお尻のストレッチも行いましょう。

無理をして行うと腰を痛める危険があります。各部位の十分なストレッチと、段階的な練習をしていきましょう。鳩のポーズのトレーニング法は118ページで紹介しています。

上級ポーズ

No.3

芸術系のスポーツでは必須

前後開脚

足を前後に開いて、上体を直立させるポーズです。スプリッツ、縦開脚とも呼ばれています。前足は足の裏側全体、後ろ足は足の前側全体と、前後の足で伸ばす部位が正反対になります。足首やお尻も含め、下半身全体の柔軟性が重要です。

前後開脚をするために柔軟性が必要な体の部位

- ☑ 前の足：太もも裏側
- ☑ 前の足：ふくらはぎ
- ☑ 前の足：お尻
- ☑ 前の足：足裏
- ☑ 後ろの足：太もも前側
- ☑ 後ろの足：ふくらはぎ
- ☑ 後ろの足：足のつけ根

柔軟プログラム

1. 太もも裏側のストレッチ ▼ 94ページ
2. ふくらはぎのストレッチ ▼ 104ページ
3. お尻のストレッチ ▼ 87ページ
4. 足裏のストレッチ ▼ 113ページ
5. 太もも前側のストレッチ ▼ 90ページ
6. 足のつけ根のストレッチ ▼ 108ページ
7. 太もも外側のストレッチ ▼ 98ページ

下半身の前側、裏側をストレッチでまんべんなく柔らかくしましょう

前

足のひざが曲がったり、足首が床につかなかったりする人は、前足の太もも裏側やふくらはぎ、お尻を柔らかくしましょう。また、腰が前を向かず、へそと前足の向きが揃わない人は、後ろ足の太もも前側や足のつけ根をしっかりストレッチして柔軟にしましょう。

前後開脚では、前足と後ろ足の各筋肉の動きが正反対になります。足を入れ替えたときにやりやすいほう、やりにくいほうがないよう、それぞれの部位をしっかりとストレッチをして、バランスよく柔軟にしておくことが大切です。

また、足裏が柔らかいとつま先が伸び、前足のすねと足の甲が一直線になって、足が長くきれいに見えます。

上級ポーズ

No.4

柔軟ポーズの最高峰！

ビールマン

片方の足を体の後ろに引き上げて手で持ち、胸を反らせるポーズ。本書の最上級の姿勢で、スコーピオン、バックル、ニードル、キャンドルとも呼びます。全身の柔軟性が必要なうえに、バランスをとったり、各関節を安定させたりする筋力も重要です。

ビールマンをするために柔軟性が必要な体の部位

- ☑ 肩周り（大円筋）
- ☑ 腕
- ☑ 胸
- ☑ 体側部
- ☑ 上げる足：太もも前側
- ☑ 上げる足：太もも外側
- ☑ 上げる足：足のつけ根
- ☑ 上げる足：すね・つま先
- ☑ 軸足：太もも裏側
- ☑ 軸足：ふくらはぎ
- ☑ 軸足：お尻
- ☑ 軸足：足裏

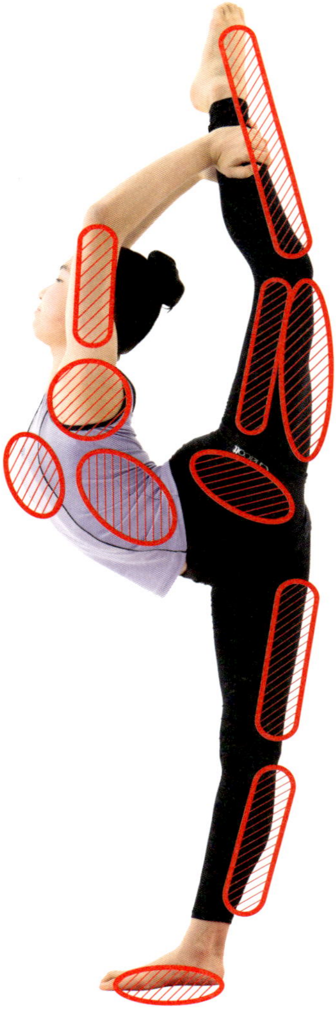

柔軟プログラム

1. 太もも前側のストレッチ ▽ 90ページ
2. 足のつけ根のストレッチ ▽ 108ページ
3. 太もも外側のストレッチ ▽ 98ページ
4. お尻のストレッチ ▽ 87ページ
5. 太もも裏側のストレッチ ▽ 94ページ
6. ふくらはぎのストレッチ ▽ 104ページ
7. 足裏のストレッチ ▽ 113ページ
8. 肩周り（大円筋）のストレッチ ▽ 71ページ
9. 腕のストレッチ ▽ 74ページ
10. 体側部のストレッチ ▽ 80ページ
11. 胸のストレッチ ▽ 84ページ
12. すね・つま先のストレッチ ▽ 110ページ
13. トレーニング ▽ 120ページ

踊り子や鳩のポーズ、前後開脚ができてから挑戦しましょう

前後開脚を立って行い、胸を反らせるイメージです。引き上げた足のひざを伸ばすとき、ひざだけを伸ばそうとすると、体全体が後ろに引っ張られて倒れてしまいます。ひざを伸ばす力とひじを伸ばす力のバランスをうまくコントロールしながら、上に向かって足を伸ばす意識を持つとよいでしょう。手の持ち方はブリッジ（46ページ）と同じ動作なので、肩周りや腕、胸の柔軟性が重要ポイントです。

踊り子のポーズ（52ページ）、鳩のポーズ（58ページ）、前後開脚（60ページ）を段階的に練習し、すべてのポーズがしっかりできるようになってからチャレンジしましょう。120ページではビールマンのトレーニング法を紹介しています。

実践編のスタート!!

部位別 柔軟メソッド

さあここからは、ストレッチの実践編です。体の部位ごとに紹介しているので、柔軟プログラムに合わせてトライしましょう！　流れで動きを知りたい人は、ＤＶＤもチェックしてくださいね！

ストレッチ一覧

上級ポーズのトレーニング一覧

筋膜アプローチ

首のストレッチ

胸《きょう》鎖《さ》乳《にゅう》突《とつ》筋《きん》

僧《そう》帽《ぼう》筋《きん》

胸《きょう》鎖《さ》乳《にゅう》突《とつ》筋《きん》は首の前側から横にかけて、僧《そう》帽《ぼう》筋《きん》は首の後ろ側から背中にかけての筋肉で、重い頭部を支えています。これらは緊張して硬くなりやすい筋肉ですので、日常的に首のストレッチを行って、柔軟性を維持しておきましょう。

首の柔軟性が必要なポーズ

- 前屈 ▶ 32ページ
- 橋のポーズ ▶ 40ページ

首の筋膜アプローチ

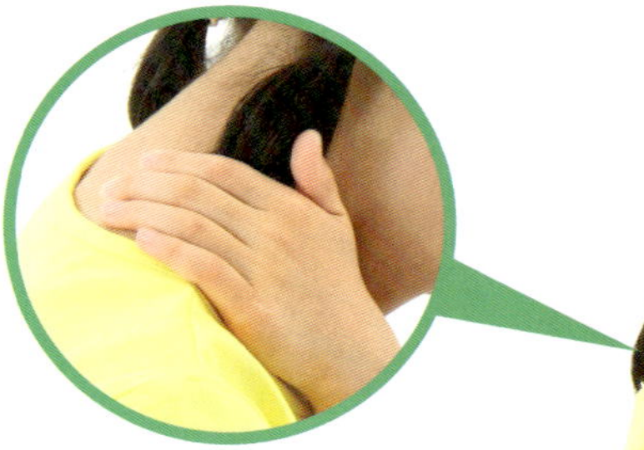

1 首のつけ根を手で押さえる

右肩（首のつけ根あたり）を、左手の指でギュッと押さえる。頭を左に傾ける

2 大きく腕を前後に振る

首の右側が伸びていることを感じながら、右腕を大きく、ゆっくりと前後に振る

往復 **20**回

3 腕を振り、反対側も行う

往復20回振ったら、右肩が下がっていることを確かめる。反対側も行う

親子でやる場合

往復 **20**回

パートナーは、両手を重ねて肩（首のつけ根あたり）を押さえる。このとき、爪を立てずに指の腹で押さえ、痛がらない程度に強さを調節すること。子どもは頭を反対側の斜め前に傾け、腕を前後に20回、大きくゆっくりと振る

肩周り(三角筋)のストレッチ

三角筋

三角筋は、肩の外側にある大きな筋肉です。腕を上げる、前後に振る、広げる、とさまざまな動きに関わっています。三角筋を柔軟にしておくことで、ブリッジやシーソーなどがしやすくなります。筋膜、脳科学の両方からアプローチしましょう。

肩周り(三角筋)の柔軟性が必要なポーズ

- ブリッジ ▶ **46**ページ
- シーソー ▶ **48**ページ
- 半漁王のポーズ ▶ **50**ページ
- 背面握手 ▶ **54**ページ

肩周り(三角筋)の筋膜アプローチ

1 肩の外側を手でつかむ

左肩の外側にある三角筋を、右手でギュッとつかむ

2 力をゆるめずに腕を大きく振る

右手の力をゆるめないようにして、左腕を大きく、ゆっくりと前後に振る

往復
20回

3 腕を振り、反対側も行う

肩の外側が伸びるのを感じながら、往復20回、左腕を振る。反対側も行う

肩周り（三角筋）の脳科学アプローチ

1 つかんだ手で引き寄せ肩の力で抵抗する

胸の前で、右手の二の腕を左手でつかむ。左手で右腕を引っ張る。このとき、右肩の力で引っ張る動きに抵抗する。抵抗しながら、ゆっくり3秒数える

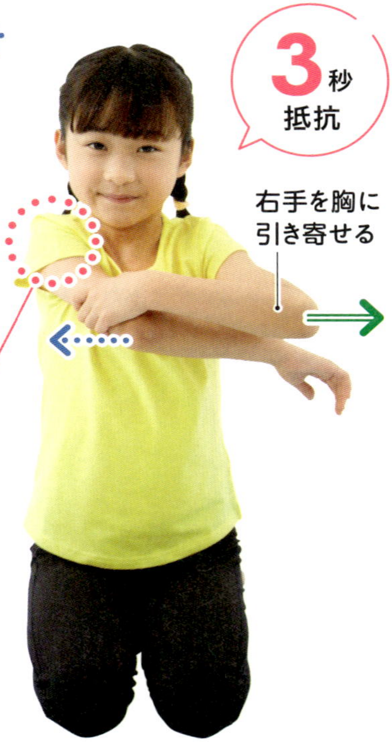

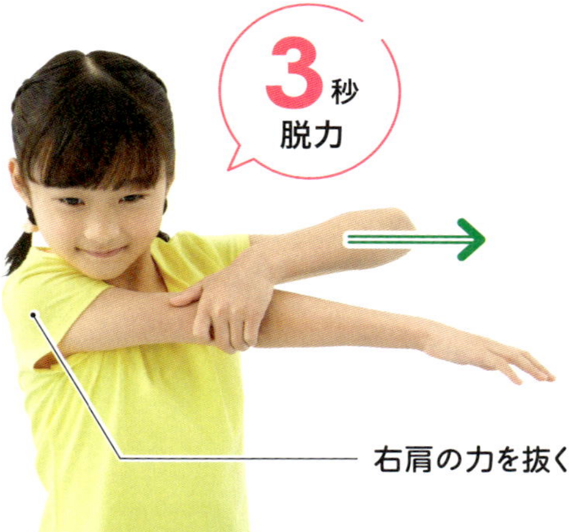

2 引き寄せる力は抜かず肩の抵抗をやめて脱力

左手の力は抜かずに、右肩の抵抗をやめる。その状態で、ゆっくり3秒数える。**1**～**2**を1セットとし、3セットくり返す。反対側でも行う

肩周り（大円筋）のストレッチ

大円筋

前鋸筋《ぜんきょきん》

大円筋は肩甲骨と腕、前鋸筋《ぜんきょきん》は胸と肩甲骨を結ぶ筋肉で、わきの下周辺にあります。それぞれ肩甲骨の動きに関係し、肩や腕を動かしています。多くの定番ポーズはもちろん、最上級のビールマンでも柔軟性が求められる部位です。

肩周り（大円筋）の柔軟性が必要なポーズ

- 橋のポーズ ▶ 40ページ
- ブリッジ ▶ 46ページ
- シーソー ▶ 48ページ
- 踊り子のポーズ ▶ 52ページ
- 背面握手 ▶ 54ページ
- Y字バランス ▶ 56ページ
- 鳩のポーズ ▶ 58ページ
- ビールマン ▶ 62ページ

肩周り（大円筋）の筋膜アプローチ

1 わきの下にローラーを当てる

ひざを曲げて横に寝て、右わきの下にローラーを当てる。右手は上に伸ばし、左手は軽く床に置いて体を支える

2 ゆっくりと上体を前後に転がす

上体をローラーの上で3秒かけて、前後にゆっくり転がす。右わきの下が伸びていることを感じよう

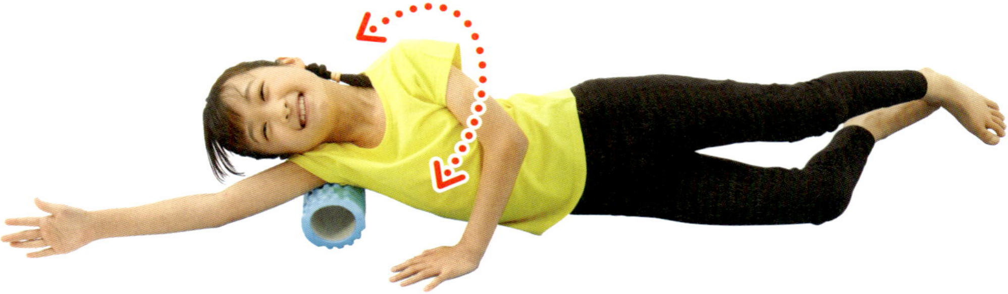

3 ひじを床から浮かせて行う

往復20回、上体を前後に転がす。やったあとにバンザイをすると、右ひじが伸ばしやすかったり、右腕を上げやすくなったりしていることを確かめる。反対側も行う。なお、ひじを床から浮かせて行うと、より深くアプローチできる

往復
20回

肩周り（大円筋）の脳科学アプローチ

1 つかんだ手で引っ張り肩を下げるように抵抗する

両手を頭の後ろに回し、左手で右ひじをつかむ。左手で右ひじを横に引っ張る。このとき、右肩を斜めへ下げるように引っ張る力に抵抗する。抵抗しながら、ゆっくり3秒数える

2 引っ張る力は抜かず肩の抵抗をやめて脱力

左手の力は抜かずに、右肩の抵抗をやめる。脱力した状態で、ゆっくり3秒数える。**1**～**2**を1セットとし、3セットくり返す。反対側も行う

筋膜アプローチ

腕のストレッチ

上腕二頭筋　腕《わん》橈《とう》骨《こつ》筋《きん》
上腕三頭筋　大胸筋

　力こぶを作る上腕二頭筋はひじを曲げ、腕の裏側にある上腕三頭筋はひじを伸ばす働きがあります。また、腕《わん》橈《とう》骨《こつ》筋《きん》はひじを曲げる、ひじから先をひねる筋肉です。腕を伸ばしたり、足をつかんで引き寄せたりする際に、柔軟性が必要になります。

腕の柔軟性が必要なポーズ

- 後屈 ▶ 34ページ
- ブリッジ ▶ 46ページ
- 踊り子のポーズ ▶ 52ページ
- 背面握手 ▶ 54ページ
- 鳩のポーズ ▶ 58ページ
- ビールマン ▶ 62ページ

腕の筋膜アプローチ

1 二の腕にローラーを当てる

あお向けに寝て、右手の二の腕の裏側にローラーを当てる

2 手のひらを返して腕を転がす

手のひらを上に向けたり、下に向けたりして、腕をローラーの上で転がす。3秒かけてゆっくりと往復20回行う。反対側も行う

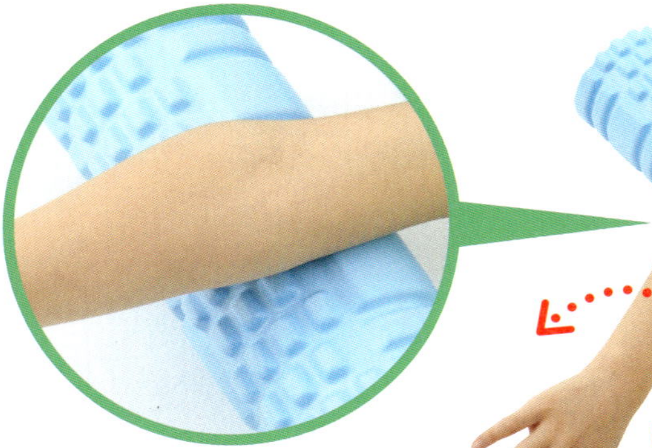

ローラーを当てる位置を変えて、腕全体にアプローチしよう

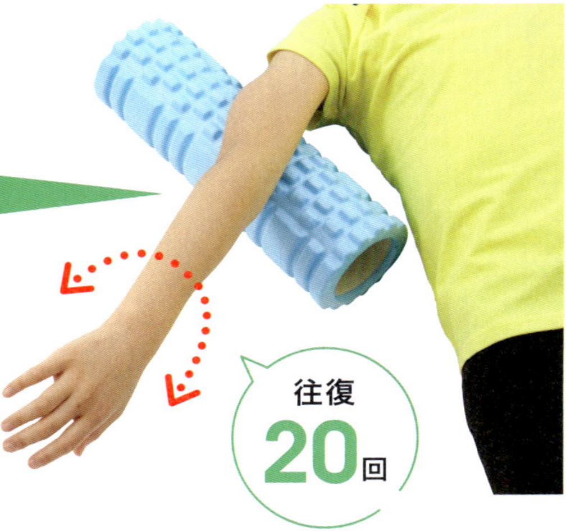

親子でやる場合

パートナーは子どもの横に正座し、腕を太ももに乗せる。両手を軽く腕に添え、3秒かけてゆっくりと前後に往復20回転がす。腕をギュッと押さえたり、動かすスピードが速かったりすると、子どもが痛がるので注意

往復
20回

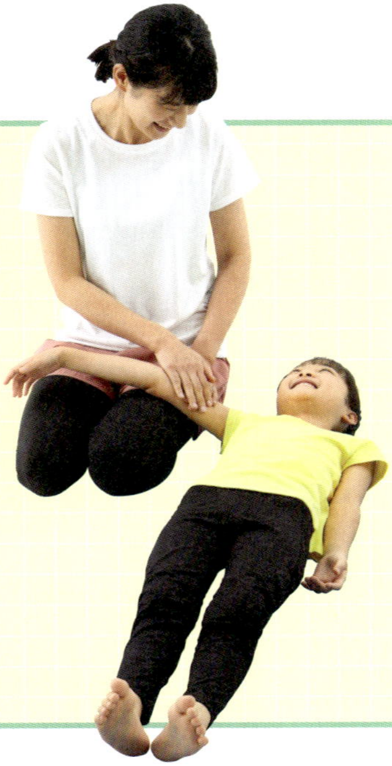

腕の脳科学アプローチ

1 重力で体が落ちるのを腕で抵抗する

イスの上にタオルなどを敷き、腕を組んで乗せ、頭を腕の下に落とす。頭や上体が落ちる重力に対して、腕の力で抵抗する。抵抗しながら、ゆっくり3秒数える

2 腕の力を抜いて脱力する

腕の抵抗をやめる。その状態で、ゆっくり3秒数える。**1**～**2**を1セットとし、3セットくり返す

親子でやる場合

子どもは**1**のポーズをする。パートナーは、子どもの肩甲骨の付近に両手を添え、軽く背中を押す。子どもは腕と背中の力で抵抗する。ゆっくり 3 秒数える。抵抗をやめ、ゆっくり 3 秒数える。これを 3 セットくり返す

子どもの腰に手を当てて押すと、腰を痛める危険がある。また、背中を押す際も、力を入れすぎると肩を脱臼する危険があるので、力加減には十分注意しよう

背中のストレッチ

広背筋《こうはいきん》

脊柱起立筋《せきちゅうきりつきん》

背中を広く覆《おお》う広背筋《こうはいきん》、姿勢をコントロールする脊柱起立筋《せきちゅうきりつきん》の柔軟性は、ポーズの美しさを左右します。背中の筋肉をストレッチでしなやかにしておくと、前屈などで背中を伸ばす動きだけでなく、後屈など反る動きがスムーズになります。

背中の柔軟性が必要なポーズ

- 前屈 ▶ 32ページ
- 後屈 ▶ 34ページ
- あぐら ▶ 38ページ
- 橋のポーズ ▶ 40ページ
- 左右開脚 ▶ 42ページ
- シーソー ▶ 48ページ
- 半漁王のポーズ ▶ 50ページ
- 鳩のポーズ ▶ 78ページ

背中の筋膜アプローチ

1 あお向けに寝て背中にローラーを当てる

あお向けに寝て、背中にローラーを当てる。ひざは立て、両手はバンザイする

2 ひざを左右に倒して背中を転がす

立てたひざを右、左に倒して、背中をローラーの上で転がす。3秒かけてゆっくりと倒し、倒した状態で5秒数える。往復20回、背中を転がす。反対側も行う

往復
20回

背中が痛いときは腕を下ろして行う

バンザイをして背中に強い痛みを感じるときは、腕を体のわきに下ろして行ってもOK

親子でやる場合

子どもはうつ伏せになり、パートナーは手のひらで子どもの背中を優しくさする。親指のつけ根を背中に当ててさするとよい。30秒ほど行う

30秒
さする

筋膜アプローチ

体側部のストレッチ 腹《ふく》斜《しゃ》筋《きん》

体側部（おなかの横）にある腹《ふく》斜《しゃ》筋《きん》は、体をひねったり前や横に倒したり、うつ伏せから上体を起こしたりするときに使います。腹斜筋が硬いと、とくにＹ字バランスなどの上級ポーズが難しくなるので、積極的にストレッチして柔らかくしておきましょう。

体側部の柔軟性が必要なポーズ

- 左右開脚 ▶ 42ページ
- 半漁王のポーズ ▶ 50ページ
- 背面握手 ▶ 54ページ
- Ｙ字バランス ▶ 56ページ
- 鳩のポーズ ▶ 58ページ
- ビールマン ▶ 62ページ

体側部の筋膜アプローチ

1 おなかの横に丸めたタオルを当てる

ひざを曲げて横に寝て、右のおなかの横（体側部）に巻いたタオルを当てる。右手は上に伸ばし、左手は軽く床に置いて体を支える。30 秒間、そのままの姿勢で体側部の伸びを感じる

30秒キープ

2 腰の横に丸めたタオルを当てる

タオルの置く位置を変え、右腰の横（体側部）にタオルを当てる。30 秒間、そのままの姿勢で体側部の伸びを感じる。**1**～**2** を反対側も行う

30秒キープ

タオルを肋《ろっ》骨《こつ》の下に置くと、痛みを感じる。おなかの横から腰の横までの範囲だけを、ストレッチすること

体側部の脳科学アプローチ

1 上体が倒れるのに体側部で抵抗する

足を開いて立ち、左手を腰に当てて右手を上げる。右手を頭の左上の遠くに伸ばす。このとき、上体が倒れるのに対し、右の体側部で抵抗する。抵抗しながら、ゆっくり３秒数える

ここに力を入れて抵抗

2 体側部の力を抜いて脱力する

右手は伸ばし続け、体側部の抵抗をやめる。その状態で、ゆっくり３秒数える。**1**～**2**を1セットとし、3セットくり返す。反対側も行う

親子でやる場合

1

子どもは開脚して座り、左手を頭の上に上げる。パートナーは子どもの左足のつけ根に左手を添え、ひざが内側に倒れないよう軽く押さえる

2

パートナーは右手をわきの下に当て、子どもを右へ倒すよう押す。子どもは押す力に対して、体側部で押し返すように抵抗する。抵抗しながら、ゆっくり3秒数える

3

パートナーは押し続けたまま、子どもは抵抗をやめる。脱力するときは、へそを天井に向ける意識を持つこと。その状態で、ゆっくり3秒数える。**2**～**3**を1セットとし、3セットくり返す。反対側も行う

胸のストレッチ　大胸筋

大胸筋は、胸の大部分を覆《おお》う大きな筋肉。パワフルな筋肉で、腕を前に押し出したり、体の内側に回したりする働きがあります。大胸筋が緊張して硬くなると、体が前に引っ張られ、猫背の姿勢になります。美しい姿勢を保つには、胸の柔軟性も重要なのです。

胸回りの柔軟性が必要なポーズ

- 後屈 ▶ 34ページ
- ブリッジ ▶ 46ページ
- シーソー ▶ 48ページ
- 背面握手 ▶ 54ページ
- ビールマン ▶ 62ページ

胸の筋膜アプローチ

1 わきの下の前側を手でつかむ

右手で、左わきの下の前側をギュッとつかむ

2 左手をゆっくりと大きく回す

右手の力をゆるめずに、左手をゆっくりと大きく後ろにまわす。20回まわす。反対側も行う

20回まわす

親子でやる場合

20回まわす

向き合って座り、お互いのわきの下を、反対の手でつかむ。わきをつかまれた側の手をゆっくりと大きく後ろに20回まわす。反対側も行う。わきの下はつかまれるとくすぐったい場所なので、お互いに力を加減すること

胸の脳科学アプローチ

1 体が倒れるのに胸の力で抵抗する

壁に対して横向きに立ち、左手の指を揃えて、手のひらを壁につく。右足を一歩前に踏み出す。体が前に倒れそうになるのに対し、起き上がるように左胸の力と手のひらで抵抗する。抵抗しながら、ゆっくり3秒数える

2 脱力して上体をさらに倒す

抵抗をやめる。上体がさらに倒れるので、その状態をキープし、ゆっくり3秒数える。**1**～**2**を1セットとし、3セットくり返す。反対側も行う

体がグラグラして
不安定な場合、
ひじを曲げて
行ってもOK

筋膜アプローチ

お尻のストレッチ

大殿筋《だいでんきん》

中殿筋《ちゅうでんきん》

お尻の表面には大殿筋《だいでんきん》、その内側には中殿筋《ちゅうでんきん》があります。これらは足を前後させる、左右に動かすなど、股関節の動きと関係しています。お尻を柔らかくすることで、左右開脚やＹ字バランスなど、足を開くポーズが行いやすくなります。

お尻の柔軟性が必要なポーズ

- 前屈 ▶ 32ページ
- あぐら ▶ 38ページ
- 飛行機 ▶ 44ページ
- 半漁王のポーズ ▶ 50ページ
- 踊り子のポーズ ▶ 52ページ
- Ｙ字バランス ▶ 56ページ
- 鳩のポーズ ▶ 58ページ
- 前後開脚 ▶ 60ページ
- ビールマン ▶ 62ページ

お尻の筋膜アプローチ

1 ローラーにお尻を乗せ前後に転がす

ローラーの端に、左側のお尻を乗せる。左足は伸ばし右ひざを立て、両手は後ろについて体を支える。ローラーを転がすように、体をゆっくりと前後に20回ゆらす。反対側も行う

お尻はローラーの端に乗せる

かかとを浮かせると深くアプローチできる

伸ばした足のかかとを床から浮かせて行うと、筋膜に深くアプローチできる。痛い場合は、かかとを床につける **1**の方法で行うこと

かかとを床から浮かせる

ひじを床につけると さらに深くアプローチできる

ひじを床について、上体を寝かせて行うと、さらに深くアプローチできる。痛い場合は無理せず、**1** や **2** の方法で行うこと

親子でやる場合

子どもは右向きに寝て、ひざを自然に曲げる。左ひざを前に出して床につける。パートナーは、子どもの左ひざの下に左手を差し入れて保護し、右手のひらでお尻の左側を30秒さする。親指や小指のつけ根でさするとよい。反対側も行う

30秒 さする

お尻の脳科学アプローチ

1 足を体に引きつけ お尻の力で抵抗する

壁に寄りかかって座り、右ひざを曲げて立て左足首をクロスする。右足を体に引きつけながら、お尻の左側に力を入れて、左足で押し返すように抵抗する。抵抗しながら、ゆっくり3秒数え、抵抗をやめる。これを3セットくり返す

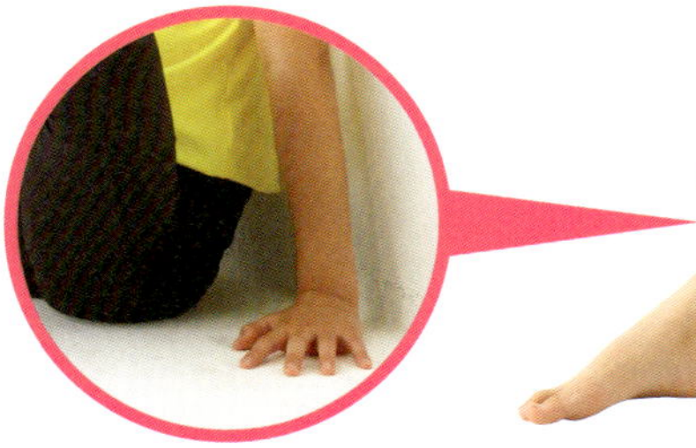

お尻は壁から少し離して座る

右足をより引きつけると効果大

1のあと、右足をより引きつけてから抵抗すると、より効果が高まる

筋膜アプローチ

太もも前側のストレッチ

大腿四頭筋《だいたいしとうきん》

大腿四頭筋《だいたいしとうきん》は、太ももの前側にある4つの筋肉の総称で、下半身で最も大きな筋肉です。この筋肉の柔軟性は、前後開脚やビールマンなど足を前後に開くポーズはもちろん、後屈やシーソーなど体を反らせるポーズでも重要なポイントになります。

太もも前側の柔軟性が必要なポーズ

- 後屈 ▶ 34ページ
- 橋のポーズ ▶ 40ページ
- 飛行機 ▶ 44ページ
- ブリッジ ▶ 46ページ
- シーソー ▶ 48ページ
- 踊り子のポーズ ▶ 52ページ
- 鳩のポーズ ▶ 58ページ
- 前後開脚 ▶ 60ページ
- ビールマン ▶ 62ページ

太もも前側の筋膜アプローチ

1 ローラーを太もも前に当てひざを曲げ伸ばし

うつ伏せで、ローラーを太ももの前に当てる。3秒かけて、ゆっくりとひざを曲げ伸ばす。10回くり返し、反対側も行う。痛みが強い人は、太ももを乗せているだけでもOK

10回 曲げ伸ばし

2 ローラーの上で太ももを転がす

ひざを内側や外側に向けて、ローラーの上で太ももを転がす。3秒かけてゆっくり往復し、10回動かす。反対側も行う

往復 10回

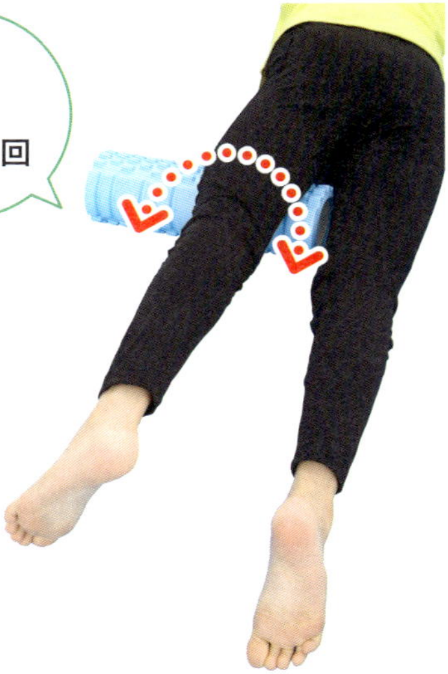

往復 10回

3 ローラーの位置を変えて転がす

ローラーを置く位置をひざのほうに変え、**2**と同様に行う

親子でやる場合

往復 10回

パートナーは正座し、子どもの太ももを自分の太ももに乗せる。両手を太もも裏に添え、優しく前後に往復10回転がす。押しつけるように転がすと痛がる場合があるので、力は加減すること

太もも前側の脳科学アプローチ

1 壁に足を押しつけ太もも前側で抵抗する

タオルで左ひざを保護し、足の甲を壁につける。右ひざは90度に立てて、上体は起こす。左足の甲を壁に押しつけ、上体が倒れないよう左太もも前側の力で抵抗する。抵抗しながら、ゆっくり3秒数える

ここに力を入れて抵抗

体が不安定な人は、床に手をついて行ってもよい

2 太もも前側での抵抗をやめて脱力する

力を抜くと、自然に前傾姿勢になる

壁を押す力は抜き、太もも前側での抵抗をやめる。その状態で、ゆっくり3秒数える。**1**～**2**を1セットとし、3セットくり返す。反対側も行う。1セットごとに右足を壁に近づけていくと、より深くアプローチできるが、無理のない範囲で行うこと

親子でやる場合

1

子どもはうつ伏せになる。パートナーは、左手で子どものお尻を軽く押さえ、右手で子どもの左ひざをゆっくりと持ち上げる。子どもは左太もも前側に力を入れ、左足を押し下げるよう抵抗する。抵抗したまま、ゆっくり3秒数える

2

子どもは太もも前側の抵抗をやめる。パートナーは、そのまま足を持ち上げ続ける。その状態で、ゆっくり3秒数える。**1**～**2**を1セットとし、3セットくり返す。反対側も行う

筋膜アプローチ

太もも裏側のストレッチ

ハムストリングス

大殿筋《だいでんきん》

太もも裏側のハムストリングスとお尻の筋肉の大殿筋《だいでんきん》は、股関節を動かして足を後ろに振り上げる役割があります。前屈や飛行機などで上体を前に倒すポーズや、Y字バランス、ビールマンなど足を広げるポーズで筋肉が伸びるので、ここの柔軟性が必要です。

太もも裏側の柔軟性が必要なポーズ

- 前屈 ▶ 32ページ
- 左右開脚 ▶ 42ページ
- 飛行機 ▶ 44ページ
- 踊り子のポーズ ▶ 52ページ
- Y字バランス ▶ 56ページ
- 前後開脚 ▶ 60ページ
- ビールマン ▶ 62ページ

太もも裏側の筋膜アプローチ

往復 20回

1 太もも裏側にローラーを当てひざを内側・外側に向ける

あお向けに寝て、太もも裏側にローラーを当てる。3秒かけて、ひざをゆっくりと往復する。往復20回転がす。反対側も行う

親子でやる場合

1

子どもは、あお向けに寝る。パートナーは、左手で子どもの右かかとを持ち上げ、右手のひらで太もも裏側を30秒さする

30秒 さする

2

子どものふくらはぎとかかとを両手で支え、パートナーのつま先を太もも裏側に当てる。このとき、子どもはリラックスして、力を抜く

3

子どもの足を、重さを利用しながら下へ落としていき、太もも裏側に指先の圧《あつ》も加える。足を引っ張らないのがポイント。指先を当てる場所を変えながら、1分かけて行う。反対側も行う

1分 圧を加える

太もも裏側の脳科学アプローチ

1 足をタオルで引っ張り太もも裏側で抵抗する

右足のふくらはぎにタオルをかけてあお向けに寝て、足を引っ張る。このとき、タオルを軽くねじると足から抜けにくくなる。右太もも裏側に力を入れて、引っ張る力に抵抗する。抵抗したまま、ゆっくり3秒数える

2 引っ張る力は抜かず抵抗をやめて脱力する

タオルで引っ張る力は抜かずに、右太もも裏側の抵抗をやめる。その状態で、ゆっくり3秒数える。**1**〜**2**を1セットとし、3セットくり返す。反対側も行う

親子でやる場合

①

子どもはあお向けに寝て、パートナーは右手で子どもの左足のつけ根を軽く押さえる。左手で右かかとを挟むように持ち、ひざを曲げないようにして足を上げる。子どもは太もも裏側の力を使ってかかとを床方向に落とすよう抵抗する。抵抗したまま、ゆっくり3秒数える

②

パートナーは、子どもの足を上げ続け、子どもは抵抗をやめる。脱力しながら、ゆっくり3秒数える。反対側も行う

太もも外側のストレッチ

大《だい》腿《たい》筋《きん》膜《まく》張《ちょう》筋《きん》

中《ちゅう》殿《でん》筋《きん》

外《がい》側《そく》広《こう》筋《きん》

大《だい》腿《たい》筋《きん》膜《まく》張《ちょう》筋《きん》と中《ちゅう》殿《でん》筋《きん》は股関節を動かして足を横に振り上げたり、骨盤を安定させて片足で立つ姿勢を維持したりします。外《がい》側《そく》広《こう》筋《きん》は大腿四頭筋の1つです。これらの筋肉は足を前後に開いたり、立つポーズなどのときに柔軟性が求められます。

太もも外側の柔軟性が必要なポーズ

- 後屈 ▶ 34ページ
- あぐら ▶ 38ページ
- 左右開脚 ▶ 42ページ
- 半漁王のポーズ ▶ 50ページ
- Y字バランス ▶ 56ページ
- 鳩のポーズ ▶ 58ページ
- 前後開脚 ▶ 60ページ
- ビールマン ▶ 62ページ

太もも外側の筋膜アプローチ

1 太もも外側を手のひらで優しくさする

ひざを横に倒して座り、両手のひらを重ねて太もも外側に当てる。手を前後に動かし、優しく30秒さする。親指のつけ根で行うとよい。反対側も行う

30秒さする

親子でやる場合

子どもは、あお向けに寝て左足を立てる。パートナーは、左手をお子さんの左ひざに添え、右腕を太もも外側に当てる。手首を返しながら、30秒まんべんなく前腕を転がす。反対側も行う

太もも外側の脳科学アプローチ

1 お尻が落ちないように太もも外側で抵抗する

壁に軽く寄りかかり、両手を床につける。左足を横に出し、右足をクロスさせてひざを立てて、腰を浮かせる。お尻が落ちる重力に対し、左太ももの外側に力を入れて抵抗する。抵抗したまま、ゆっくり3秒数える

2 太もも外側での抵抗をやめ脱力してお尻を落とす

抵抗をやめる。このとき、上体を正面に向けて立てておくと、太もも外側の伸びを、より感じられる。その状態で、ゆっくり3秒数える。**1**〜**2**を1セットとし、3セットくり返す。反対側も行う

筋膜アプローチ

太もも内側 内転筋群《ないてんきんぐん》 のストレッチ

太もも内側の大内転筋《だいないてんきん》や長内転筋《ちょうないてんきん》などを内転筋群《ないてんきんぐん》と総称します。内転筋群《ないてんきんぐん》は、股関《こかん》節《せつ》を動かして足を閉じたり、骨盤を安定させたりする働きがあります。足を開くときには伸びるので、左右開脚やY字バランスのポーズなどで、柔軟性が求められます。

太もも内側の柔軟性が必要なポーズ

- あぐら ▶ 38ページ
- 左右開脚 ▶ 42ページ
- Y字バランス ▶ 56ページ

太もも内側の筋膜アプローチ

1 太もも内側を手のひらで優しくさする

ひざを横に倒して座り、両手のひらを重ねて太もも内側に当てる。手を軽く押しながら、優しくさする。さするときは、親指のつけ根で行うとよい

2 手の位置を変えて全体をさする

ひざから足のつけ根の近くまで、太もも全体をまんべんなく行い、30秒さする。反対側も行う

30秒
さする

親子でやる場合

子どもはあお向けに寝て、左ひざを外側に倒す。パートナーは右手で子どもの左ひざを保持し、左手のひらで太もも内側をまんべんなくさする。30秒さすったら、反対側も行う

30秒
さする

太もも内側の脳科学アプローチ

1 足を伸ばし壁にかけて押し返す

壁の横であお向けに寝て、足裏を上へ向けて左足を壁にかける。ひざを伸ばしたまま、左足で壁を押す。このとき、上体と左足の角度が変わらないようにし、左太もも内側で抵抗することを意識する。壁を押したまま、ゆっくり3秒数える

2 脱力すると同時に上体を壁に近づける

左太もも内側の力を抜く。それと同時に、上体を壁に近づける。**1〜2**を1セットとし、3セットくり返す。反対側も行う

親子でやる場合

① 子どもは横になり、パートナーは子どもの足を開く。子どもは、足を閉じる方向に力を入れて3秒抵抗する

② 子どもは抵抗をやめる。パートナーは足を開き続ける。3セットくり返し、反対側も行う

筋膜アプローチ

ふくらはぎのストレッチ

ヒラメ筋

腓腹《ひふく》筋

ふくらはぎには表面に腓腹筋《ひふくきん》、内側にヒラメ筋があり、地面を蹴《け》るとき、つま先立ちをしたりするときに働きます。足を伸ばしたり、上体を前に倒したりするポーズや踊り子のポーズなど、つま先を伸ばすときに、ふくらはぎの柔軟性が重要になります。

ふくらはぎの柔軟性が必要なポーズ

- 前屈 ▶ 32ページ
- つま先のばし ▶ 36ページ
- 左右開脚 ▶ 42ページ
- 飛行機 ▶ 44ページ
- 踊り子のポーズ ▶ 52ページ
- Y字バランス ▶ 56ページ
- 前後開脚 ▶ 60ページ
- ビールマン ▶ 62ページ

ふくらはぎの筋膜アプローチ

1 ローラーの上にふくらはぎを乗せる

足を伸ばして座り、左足のふくらはぎをローラーに乗せる。右足はひざを立て、手は体の後ろについて支える

2 反対の足をすねに乗せ つま先をゆっくり左右に振る

右足を左足のすねの上に乗せる。左足のつま先を、往復3秒かけてゆっくり左右に、20回振る。右足を乗せるとふくらはぎが痛くなる場合は、**1**のままつま先を振ってもOK。終わったら両足を揃え、左足の長さが変わっているのを確かめる。反対側も行う

往復
20回

お尻を床から浮かして行うと、より深くアプローチできる。痛い場合は、無理して行わなくてよい

親子でやる場合

子どもはあお向けに寝て、パートナーは、子どもの右ふくらはぎを、自分の太ももとふくらはぎで軽く挟み、10秒キープする。痛がらないような強さに調節すること。反対側も行う

10秒
キープ

ふくらはぎの脳科学アプローチ

1 つま先に体重をかけ かかとを上げて抵抗

段差に右足のつま先を乗せ、両手を右ひざに添える。右足に体重をかけていきながら、手でかかとを上げて抵抗する。抵抗したまま、ゆっくり3秒数える

2 力を抜いて かかとを下げる

手で右足に体重をかけたまま、抵抗をやめてかかとを下げる。その状態で、ゆっくり3秒数える。**1**〜**2**を1セットとし、3セットくり返す。反対側も行う

親子でやる場合

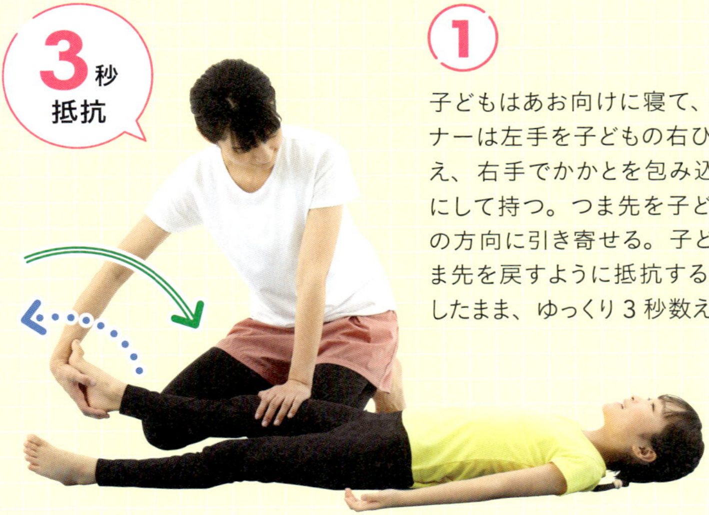

①

子どもはあお向けに寝て、パートナーは左手を子どもの右ひざに添え、右手でかかとを包み込むようにして持つ。つま先を子どもの顔の方向に引き寄せる。子どもはつま先を戻すように抵抗する。抵抗したまま、ゆっくり3秒数える

②

子どもは抵抗をやめて、パートナーは引き寄せ続ける。その状態で、ゆっくり3秒数える。反対側も行う

筋膜アプローチ

足のつけ根のストレッチ

腸骨筋《ちょうこつきん》

大腰筋《だいようきん》

足のつけ根にある腸骨筋《ちょうこつきん》と大腰筋《だいようきん》は、太ももを引き上げる働きをします。これらの筋肉が硬くなると、股関節の動きが悪くなり、足が開きにくくなります。疲れがたまって縮みやすい筋肉なので、日常的にストレッチでほぐしておきましょう。

ふくらはぎの柔軟性が必要なポーズ

- 後屈 ▶ 34ページ
- 橋のポーズ ▶ 40ページ
- 飛行機 ▶ 44ページ
- ブリッジ ▶ 46ページ
- シーソー ▶ 48ページ
- 踊り子のポーズ ▶ 52ページ
- 鳩のポーズ ▶ 58ページ
- 前後開脚 ▶ 60ページ
- ビールマン ▶ 62ページ

足のつけ根の筋膜アプローチ

アプローチするのはそけい部から腸骨にかけて

足のつけ根（そけい部）から、骨盤（腸骨）にかけて、触るとコリコリと筋肉を感じる箇所がある。アプローチするのは、写真右の赤色の部分

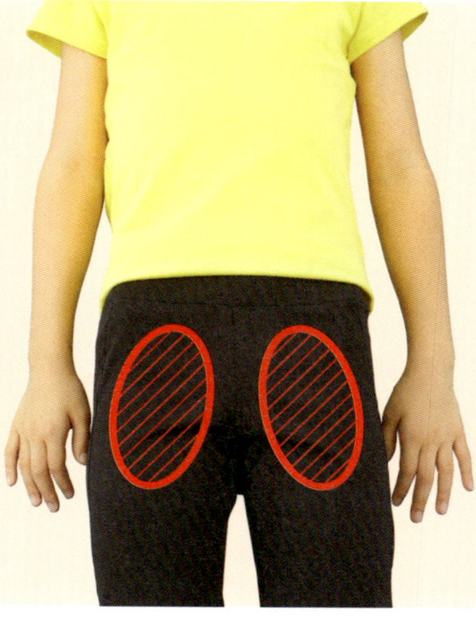

1 指先を使って まんべんなくさする

両手を重ねて、そけい部に当てる。指先を使って、30秒まんべんなくさする。反対側も行う

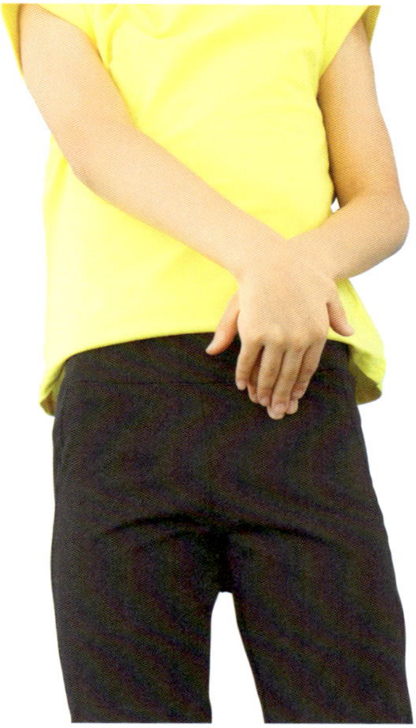

30秒
さする

親子でやる場合

子どもはあお向けに寝て、パートナーは両手を重ねて骨盤の内側に当てる。30秒まんべんなく優しくさする。反対側も行う

30秒
さする

筋膜アプローチ

すね・つま先のストレッチ

前脛骨筋《ぜんけいこつきん》

足背筋群《そくはいきんぐん》

すねの骨の外側にある前脛骨筋《ぜんけいこつきん》は、つま先を引き上げる働きをします。また、足の甲にも指を持ち上げるための筋肉（足背筋群《そくはいきんぐん》）があります。ポーズをとる際、つま先が伸びていると美しく見えるので、日ごろからストレッチで柔らかくしておきましょう。

すね・つま先の柔軟性が必要なポーズ

- 後屈 ▶ 34ページ
- つま先のばし ▶ 36ページ

すね・つま先の筋膜アプローチ

1 すねの骨の外側をグーでさする

体育座り（三角座り）をし、手をグーにして、左足のすねの骨の外側からつま先までを、まんべんなくさする

2 足の甲からつま先も入念にさする

足の甲やつま先も忘れずに、30秒さする。とくに、指と指の間の骨は入念に。反対側も行う

30秒 さする

親子でやる場合

ひざを立てて向かい合って座り、相手のすねからつま先までまんべんなく、グーで30秒さすり合う。パートナーは、子どもが痛がっていないか、表情を見ながら力を加減すること

すね・つま先の脳科学アプローチ

1 つま先で壁を押し持ち上げる意識で抵抗

壁に向かって座り、左のかかとを床につけたまま、つま先で壁を押す。このとき、つま先と壁の間にタオルを挟むこと。つま先を持ち上げる意識で、壁を押し返すよう抵抗する。抵抗したまま、ゆっくり3秒数える

2 つま先の力を抜いて脱力する

つま先の抵抗をやめる。その状態で、ゆっくり3秒数える。**1〜2**を1セットとし、3セットくり返す。反対側も行う

親子でやる場合

パートナーは、伸ばした足の指を包み込みようにして持ち、優しく押し下げる。子どもは、指を立てる力で抵抗する。抵抗したまま、ゆっくり3秒数える。子どもは抵抗をやめ、パートナーは指を押し下げ続ける。その状態で、ゆっくり3秒数える。反対側も行う

足裏のストレッチ　足《そく》底《てい》筋《きん》群《ぐん》

足裏にある足《そく》底《てい》筋《きん》群《ぐん》は、足の指を曲げたり、足裏の縦横のアーチを保ったりする働きがあります。つま先を伸ばすポーズを美しく見せるには、足裏の柔軟性は欠かせません。また、足裏を柔らかくするだけでも前屈が深くなります。

足裏の柔軟性が必要なポーズ

- 前屈 ▶ 32ページ
- つま先のばし ▶ 36ページ
- 飛行機 ▶ 44ページ
- 踊り子のポーズ ▶ 52ページ
- 前後開脚 ▶ 60ページ
- ビールマン ▶ 62ページ

足裏の筋膜アプローチ

1 かかとから指先までまんべんなくコロコロ

ゴルフボールを左足の裏で転がす。土踏まず部分だけでなく、かかとから指先、内側から外側まで全体をまんべんなく行う

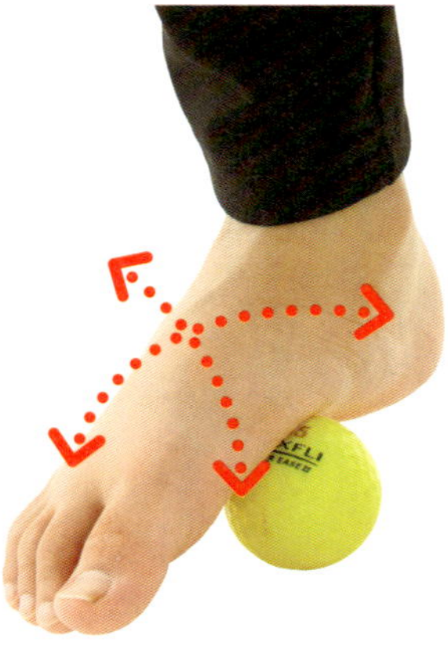

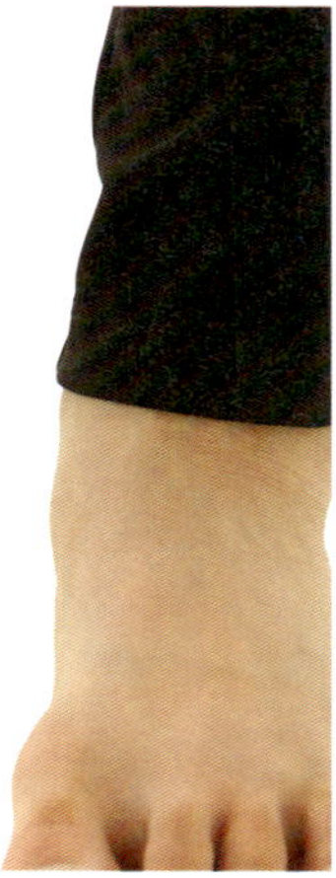

2 壁を支えにして体重のかけ具合を調節

壁に手をついて支えにすると、体重がかけやすく、アプローチの強弱が調節できる。30秒転がす。反対側も行う

30秒 転がす

親子でやる場合

足裏が相手に見えるように向かい合って座り、お互いに相手の足裏をグーで30秒まんべんなくさする。反対側も行う

30秒 さする

足裏の脳科学アプローチ

1 タオルで足を引っ張り押し戻すよう抵抗する

足を伸ばして座り、左足の裏にタオルを引っかける。タオルの端を両手で持ち、手前に引っ張る。引っ張る力に対し、足裏の力で押し戻すよう抵抗する。抵抗したまま、ゆっくり3秒数える

2 タオルは引っ張り続け足裏の抵抗をやめて脱力

タオルは引っ張り続け、足裏の力を抜く。その状態で、ゆっくり3秒数える。**1**～**2**を1セットとし、3セットくり返す。反対側も行う

上級ポーズのトレーニング No.1

Y字バランスのトレーニング

Y字バランスで立つには柔軟性だけでなく、足を引き上げたり姿勢を安定させたりする筋力が重要です。おなか周りや背中の体幹部、お尻、太ももの筋力トレーニングを行い、最終的に壁なしでY字バランスができるのを目指しましょう。

1 ひざを両手で持って胸に引き寄せる

あお向けに寝て、ひざを両手で持って胸に引き寄せる。腰が床から浮かないよう注意

2 足が戻らないよう太ももの力でキープ

手をひざから離す。このとき、おなかと太ももに力を入れて、ひざが胸から離れないよう10秒キープする

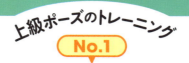

3 片ひざ立ちで足を床から上げる

片ひざ立ちから両手を頭の上に上げ、前の足を床から浮かせる。体幹部やひざをついているほうのおなかとお尻、太ももに力を入れ、グラグラしないよう姿勢を5秒キープする。1分キープできるようになるとベスト

最初は手を横に広げてバランスをとってもOK

4 壁を支えに手で足を引き上げる

壁に軽く寄りかかり、足を引き上げる。引き上げた足のかかとを前から手で持ち、ひざを伸ばしながら反対の手を上げる。体が前後、横方向に倒れないよう体幹部や下半身の筋力で姿勢を維持しよう

上級ポーズのトレーニング

No.2

鳩のポーズのトレーニング

鳩のポーズを行うとき、無理にひじを足首にかけると、腰を痛める危険があります。柔軟性がまだ十分でない場合は、タオルを使って、徐々にポーズの完成形に近づける練習をしましょう。

1 足を後ろに伸ばし 上体を起こして座る

前足を曲げ、後ろ足を伸ばして座る。おへそと前足の向きを揃え、胸を張って上体を起こす

2 足首にタオルをかけ 腰の横に引き寄せる

後ろ足を曲げ、足首にタオルをかける。片手で引き寄せたり、戻したりをくり返す。この動きに慣れたら両手でタオルを持ち、ゆっくりと腰の横に引き寄せる

3 タオルの代わりにひじを足にかける

上体をひねり、曲げた後ろ足の足首に同じ側のひじをかける。反対の手を頭の後ろからまわし、手をつなぐ

NG

1の姿勢をしたときに、おへそが横を向くのはNG。太もも前側の柔軟性がまだ十分でない可能性があるため、90ページのストレッチに取り組みましょう。後ろ足の前面を床につけられると正しい姿勢です

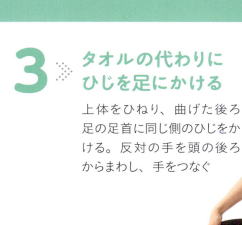

上級ポーズのトレーニング

No.3

ビールマンのトレーニング

ビールマンは、鳩のポーズと前後開脚の要素を組み合わせたポーズです。最初は座った状態で、それぞれのポーズのトレーニングを続けて行い、ビールマンの形を覚えましょう。

タオルで足を引き寄せる

①

前足を曲げ、後ろ足を伸ばして座る。へそと前足の向きを揃え、胸を張って上体を起こす

②

後ろ足を曲げ、足首にタオルを巻く。タオルが足首からはずれないよう、しっかり巻くこと。手のひらを上にしてタオルを持ち、ゆっくり肩の横まで引き寄せる

③

肩を後ろへ回し、ひじが上に向くように、ゆっくりとタオルを引き上げる。**2**～**3**の動きに慣れるまでくり返す。慣れたら、直接手で持ち、**2**～**3**の動きをくり返す

胸を反らす

④ タオルを使って肩を回す感覚を覚えたら、手で曲げた足のつま先を持つ。手のひらを上に向けて、つま先を持つこと

⑤ 胸を反らし、足裏と頭を近づける。軽く壁に寄りかかって行っても OK

⑥ さらに胸を反らし、後ろ足のひざをゆっくりと伸ばしていく。無理のない範囲で行うこと。**5** ～ **6** の動きを慣れるまでくり返す

前後開脚して胸を反らす

⑦ 前足を伸ばし、手のひらを上に向けて後ろ足のつま先を持つ。肩を回してひじを上に向ける

⑧ 頭を足裏に近づけるよう胸を反らせ、後ろ足のひざもゆっくりと伸ばす

⑨ つかんだ手を足首に移動させながら、できるところまで後ろ足のひざを伸ばす。**8** ～ **9** の動きを慣れるまでくり返す

上級ポーズのトレーニング

No.4

ビールマンのトレーニング（立位）

立った状態で、足を高く上げるトレーニングです。転倒防止のため筋肉を無駄に緊張させることなく柔軟性を十分に引き出すために、台や壁で体を支えながら行うのがよいでしょう。

はじめに

足を後ろに引き上げつかむ感覚を養う

台に片方の手を乗せる。片方の足を後ろに引き上げ、同じ側の手で足首付近を持ったら、直立に戻る。この動きを慣れるまでくり返す。この持ち方では足を高く上げられないが、まずは足をつかむ感覚を養う

1

手を上から回しつま先をつかむ

台に片方の手に乗せる。後ろに引き上げた足のつま先を、同じ側の手で上から回して持つ。手のひらを上にして持つこと

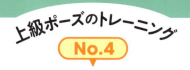

2

両手で足を持つ

足を引き上げたら、両手で持ち、頭と足裏を近づける

このとき、倒れやすいので、壁に寄りかかって行ってもOK

3

ひじとひざをゆっくり伸ばす

上に向かってひざを伸ばす。このとき、上へ伸ばすひじとひざでバランスをとりながら行うこと

最終的に両手をひざに近づけていく

4

さらにひざを伸ばし足を一直線に

さらにひざを伸ばす。手でつかむ位置をひざに近づけていくと、完全にひざが伸びた美しいビールマンになる

おわりに

トップギアストレッチをやってみて、いかがでしたでしょうか?

本書で紹介したストレッチを続けることで、体が硬くて運動やストレッチが苦手な人は、体を動かす楽しさを味わっていただけたらと考えています。また、チアダンスや新体操などで柔軟性を必要としている人は、よりしなやかな美しさを作り上げてもらえればと思います。

みなさん、ぜひ、楽しんで続けていきましょう。

そしてお父さん、お母さんには、子どもの柔軟性がアップしたことで、「できない」から「できる」へ変化したことのよろこびを、一緒に分かち合っていただけたら幸いです。

私は、大学を卒業してから10年間は普通のビジネスマンで、現在とはまったく違う仕事をしていました。

いまでこそ柔軟美®トレーナーとして、レッスンなどではY字バランスやビールマンのポーズを自ら披露していますが、じつは、運動がどちらかといえば苦手でした。

しかも、体が非常に硬く、前屈しても床に指先が届かないほどの「超合金人間」でした。

そんな私の転機になったのが、20代後半でフィギュアスケートを始めたことでした。フィギュアスケートがうまくなるためには柔軟性が必要と思い、それにはストレッチをやるしかないと考えたのです。

凝《こ》り性の私は、ストレッチに没頭します。そして数年かけて、「ゲキ硬」の体を徐々に柔らかくしていきました。

ストレッチを指導する仕事に転じたのは、自身の経験を世に伝え、「体が柔らかくなりたい」と思っている多くの人に、それぞれの目標を実現してほしいと考えたからです。

本書は、多くのかたがたの支えによって送り出すことができました。編集を担当いただいたマキノ出版の戸田様をはじめ、関係者の皆様、出演を快諾《かいだく》していただいたモデル・体験者のみなさまへ、心より感謝を申し上げます。

そして読者のみなさまには、夢や憧れをかなえてほしいと日々願っています。本書を通じて、みなさまがストレッチを好きになっていただけたら、著者としてこれ以上の幸せはありません。

2020年秋　著者記す

プロフィール

村山 巧（むらやま・たくみ）

柔軟美トレーナー。1984 年生まれ。前屈しても手が床に届かない超合金のような状況から、27 歳のときに趣味で始めたアイススケートをきっかけに柔軟な体を手に入れようと決意。ヨガや解剖学を含め、国内外のさまざまな書物・セミナーで学び、自分自身の体を通じて柔軟性の研究を重ねることで驚異の柔らかさを手に入れる。2016 年に柔軟美トレーナーとして活動を開始。銀座や渋谷のスタジオを拠点に、出張指導によるクラスを全国で開催。プロフィギュアスケーターやチアダンサー、新体操選手の指導経験も持つ。これまで指導してきた人の数は延べ 2 万人。短時間で劇的な変化を導き出すことで参加者から絶大な支持を集め、高いリピート率を誇っている。著書に『自分史上最高の柔軟性が手に入るストレッチ』（かんき出版）などがある。

ストレッチデザインHP https://stretchdesign.jp/
Instagram https://www.instagram.com/ir_takumi/
Twitter https://twitter.com/ir_takumi

“＃柔軟体験 ビフォーアフター”のハッシュタグで、ストレッチの前と後の変化を投稿しよう！

参考資料

- 『自分史上最高の柔軟性が手に入るストレッチ』村山 巧 著　かんき出版
- 『超速効ストレッチ』村山 巧 著　マガジンハウス
- 『サイエンス・オブ・ヨガ』高尾美穂 監修　西東社
- 『パーソナルトレーナーズバイブル』
  阿部良仁、岩間徹 企画・構成、矢野雅知 監修　スキージャーナル
- 『骨と骨格の触診術の基本』藤縄 理 著　マイナビ出版
- 『ぜんぶわかる筋肉の名前としくみ事典』肥田岳彦、山田敬喜 監修　成美堂出版

STAFF

モデル	亀田真央（テアトルアカデミープロダクション株式会社）
	亀田真耶
	細野心春
デザイン	佐々木麗奈
スチール撮影	尾島翔太
ムービー撮影	株式会社フリッツ
ヘアメイク	木村三喜
編集協力	眞木 健
DVD 制作	イービストレード株式会社

かた〜い子どもの体が一瞬で伸びる
キッズストレッチ

2020 年 11 月 28 日　第 1 刷発行
2021 年 12 月 4 日　第 6 刷発行

著者	村山 巧
発行者	室橋一彦
発行所	株式会社マキノ出版
	〒103-0025　東京都中央区日本橋茅場町 3-4-2-4F
	☎ 03-5643-2410
	マキノ出版のホームページ　https://www.makino-g.jp/
印刷・製本所	大日本印刷株式会社

お問い合わせは、編集関係は書籍編集部（☎ 03-5643-2418）、販売関係は販売部（☎ 03-5643-2410）へお願いいたします。
価格はカバーに表示してあります。
ISBN 978-4-8376-7332-3